中华传统文化主题故事读本

勤勉敬业

高滨　杜威　主编

谭合伯　尼培红　吕晓峰　李洋　副主编

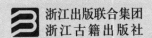

浙江出版联合集团
浙江古籍出版社

总序

习近平总书记在《在纪念孔子诞辰 2565 周年国际学术研讨会暨国际儒学联合会第五届会员大会开幕会上的讲话》中指出："包括儒家思想在内的中国优秀传统文化中蕴藏着解决当代人类面临的难题的重要启示，比如，关于道法自然、天人合一的思想，关于天下为公、大同世界的思想，关于自强不息、厚德载物的思想，关于以民为本、安民富民乐民的思想，关于为政以德、政者正也的思想，关于苟日新日日新又日新、革故鼎新、与时俱进的思想，关于脚踏实地、实事求是的思想，关于经世致用、知行合一、躬行实践的思想，关于集思广益、博施众利、群策群力的思想，关于仁者爱人、以德立人的思想，关于以诚待人、讲信修睦的思想，关于清廉从政、勤勉奉公的思想，关于俭约自守、力戒奢华的思想，关于中和、泰和、求同存异、和而不同、和谐相处的思想，关于安不忘危、存不忘亡、治不忘乱、居安思危的思想，等等。"

为了深入挖掘和阐发中华优秀传统文化的内在价值，让青少年感受其精髓，深化其根基，我们策划了《中华传统文化主题故事读本丛书》。本套丛书共八册，分别是《顺天应时》《爱国励志》《修身齐家》《清廉简约》《诚信仁爱》《勤勉敬业》《勇毅果敢》《革故鼎新》。

希望本套丛书能充分发挥故事的力量，让青少年不但获得中华优秀传统文化的滋养，更能以古代杰出人物为榜样，有所领悟，有所获得，有所借鉴。

目录

商汤和伊尹

公元前十六世纪，夏朝最后一个王夏桀在位。夏桀是个出了名的暴君，他和奴隶主贵族残酷压迫人民，对奴隶镇压更重。夏桀还大兴土木，建造宫殿，过着荒淫奢侈的生活。

大臣关龙逄向夏桀谏言，这样下去会丧失人心。夏桀勃然大怒，把关龙逄杀了。百姓恨透了夏桀，纷纷诅咒自比太阳的夏桀说："这个太阳什么时候才会灭亡，我们宁愿跟你同归于尽。"

在夏朝的诸侯方国中，商国势力逐渐发展壮大，到了主癸时，商国已是一个具有国王权力的大诸侯国了。主癸死后，他的儿子汤继位为商侯，仍建都商丘。商汤看到夏桀十分腐败，决心消灭夏朝。他表面上对桀服从，暗地里不断扩大自己的势力。

商汤是一位非常英明的首领。他十分欣赏有能力的人才，不会因为自己地位高就瞧不起人。普通百姓是人才，他也同样尊重，甚至还会亲自驾车，去邀请百姓共商国事。

当时有一个很有智慧的人叫伊尹，商汤想派人去请他来为国家出谋划策，帮助自己管理国家。可是他转念一想，伊尹是一个非常有能力的人，只派手下过去请他，会不会不够尊敬呢？想到这，他觉得还是自己亲自去请，才能表现出自己对他的尊重。他叫彭氏的儿子驾车送他去。

走到半路的时候，彭氏的儿子觉得奇怪：首领想叫人来，派其他人过去请就可以了，何必自己去呢，这样不是有损首领的尊严吗？他忍不住把自己心中所想说了出来："伊尹只不过是一个普通百姓，您如果要见他，下令召见他，对他来说就已经算是蒙受恩遇了！"商汤听了很生气，说："这你就不懂了。如果现在这里有一种药，吃了它，耳朵会更加灵敏，眼睛会更加明亮，那我一定会非常高兴地吃掉它。现在伊尹对我来说，就好像是这种药，而你却不想让我见伊尹，你这不是不想让我好吗？"说完，就把彭氏的儿子赶下了车，自己驾车去了。

商汤亲自驾车来见伊尹，使伊尹非常感动，他对商汤说："有您这么一位贤惠的君王，我们国家有福了。"商汤说："如果只有贤惠的君王，而没有有才干的臣子，国家还是不会强大。我这次来是想让你帮助我治理国家，你愿意吗？"伊尹深受感动，立刻就答应了。

伊尹告诫商汤："要始终如一地注重自身道德修养，不断更新自己的道德意识，使自己'时乃日新'。"他坚持"任官唯贤才，左右唯其人"；

主张尊贤用贤，用人适当；强调做大臣的要上对天子负责，下保庶民安定。在伊尹的帮助下，商朝很快变得非常强盛。

商汤和伊尹商量讨伐夏桀的事。伊尹说："现在夏桀还有力量，我们先不去朝贡，试探一下他的反应。"商汤按照伊尹的计策，停止了对夏桀的进贡。

夏桀勃然大怒，命令九夷发兵攻打商汤。伊尹一看夷族还服从夏桀的指挥，赶快向夏桀请罪，恢复了进贡。

过了一年，九夷中一些部落忍受不了夏朝的压榨勒索，逐渐叛离夏朝，商汤和伊尹决定大举进攻。

自夏启以来，同姓相传已经四百多年，要把夏王朝推翻，也不是一件简单的事。商汤和伊尹商量了一番，决定召集商军将士，由商汤亲自向大家誓师。商汤说："我不是要进行叛乱，实在是夏桀作恶多端，上天的意旨要我消灭他，我不敢不听从天命啊！"

商汤借上天的意旨来动员将士，再加上将士恨不得夏桀早早灭亡，因此，作战非常勇敢。夏、商两军在鸣条打了一仗，夏桀的军队被打败。最后，夏桀逃到南巢，仍被汤追到了，汤把桀流放在那里，一直到死。

周文王访得姜尚

周文王姬姓，名昌，周朝的奠基者。其父死后，姬昌继承西伯侯之位，故称西伯昌。西伯昌四十二年，姬昌称王，史称周文王。周文王在位期间，勤于政事，重视发展农业生产，礼贤下士，广罗人才，成为一代明君。

周的国力逐渐增强壮大，引起了商王朝的不安。商纣王的亲信崇侯虎暗中向纣王进谗言："西伯到处行善，树立自己的威信，诸侯都向往他，恐怕不利于商王。"纣王于是将姬昌拘于羑里。周国大臣散宜生重价购得奇珍异宝献给纣王，于是纣王下令赦免了姬昌。归国之后，姬昌本想举兵攻商，却因时机不够成熟，只得重申了对商王的从属地位，同时下决心从根本上增强周国的力量。在姬昌的兴国策略中，有迁都于丰、改革行政管理体制等举措，但最为后人称道的，是他礼贤下士、敬老慈少之举。

据传，在文王寻访贤人的途中，有一天在渭水南岸看到一位器宇不凡的白发老者在钓鱼，每起一钓，就是一条活蹦乱跳的大鱼。文王惊讶之余，与这位老者攀谈起来。这位老者叫姜尚，字子牙，更令文王惊讶的是，他竟然对治国之道颇有精辟的见解。于是文王就请姜子牙到京都协助管理国家大事。

姜子牙问周文王："大王请我，怎样进京？"

周文王说："骑马、坐轿，随你挑。"

姜子牙说："我一不骑马，二不坐轿，大王的辇得让给我坐。"

跟周文王来的文官武将都愣了。这辇只有文王才能坐，姜子牙怎么还要坐辇？可是，周文王答应了。

姜子牙又出了难题："我坐辇，还得大王亲自拉着。"周文王又答应了。

在姜子牙辅佐之下，文王开始了对周围小国的攻伐，为周朝的立国奠定了基础。至晚年，西伯姬昌自号为文王，誓与商纣王抗衡。但是文王的力量还不足以推翻商朝。文王去世后，灭商的使命就落在了武王的肩上。

姜子牙辅佐武王伐纣，牧野之战中，商兵大败，纣王登台自焚，商亡周立。

周公吐哺

周公姬旦，是周文王第四子，武王的弟弟，我国古代著名的政治家，曾两次辅佐周武王东伐纣王，并制作礼乐，使天下大治。

周武王得天下后，为了巩固周朝的基业，便开始分封同姓宗族、功臣和亲戚到各地去做诸侯。在建国中立下汗马功劳的周公被封到鲁国。但是由于周朝刚刚建立，礼乐等制度也不完备，武王还需要周公的帮助，所以周公就没有去自己的封地，而是留在了首都镐京。

后来武王去世，成王幼小，周公怕天下人听说武王去世而背叛朝廷，就辅佐成王，代为处理政务，主持国家大权。管叔兄弟在国中散布谣言说："周公将对成王不利。"周公告诉太公望、召公奭说："我之所以不避嫌疑代理国政，是怕天下人背叛周室，没法向我们的先王太王、王季、文王交代。三位先王为天下之业忧劳甚久，现在才刚成功。武王早逝，成王年幼，只是为了完成稳定周朝之大业，我才这样做。"

周公命儿子伯禽代替自己去封地鲁国，虽然伯禽是一个很稳重的人，但周公还是不太放心。在伯禽临行前，周公语重心长地对伯禽说："伯禽，虽然我是文王的儿子，武王的弟弟，成王的叔叔，在全天下人中，我的地位也不算低了，但我仍然不敢因为这个原因而骄傲。如果听说贤人来了，即使我正在洗头发，我都要把头发握起来；如果正在吃饭，我会吐出正在咀嚼的食物。但即使我这样做，我都担心失掉天下的贤人。所以你到了鲁国，千万不要对臣民傲慢，要做到处事谨慎，生活俭朴，礼贤下士。"

周公摄政七年后，成王长大成人，于是周公归政于成王，退归臣位。

李离伏剑

　　春秋时期的李离，是晋文公的狱官。在审理一桩案子时，由于听信下属的一面之词，冤杀了好人。后来他知道了案件实情，内心特别愧疚，就命属吏把自己拘禁起来准备抵命。晋文公知道了此事，特意来宽慰他说："官职有贵有贱，刑罚有轻有重，你这次杀错了人，责任主要在下面的官吏，是他们无能，不是你的罪过！"李离却说："我是法官的首长，担负主要责任，我没有将职位让给下面的官吏，享受国家的俸禄又很多，也没有分一点给他们。现在因审理失误错杀了人，却要将罪责转给下属，这不是我愿意的。"晋文公继续劝慰道："你若自以为有罪，那么，我作为一国之君，岂不是同样有罪？"李离回答说："在晋国担任法官就有法度：判错了刑的要负刑事责任，杀错了人的要以命抵命。陛下认为我能够辨析复杂案情，审理疑难案件，所以才让我当法官。可是现在我却因错判冤杀了好人，我罪当受死。"李离最终也没有接受晋文公让他宽宥自己的命令，执拗地用剑自刎，实现了他以命抵错的誓愿。

春秋时期，齐国的管仲、鲍叔牙二人是好朋友。年轻时，两人合伙做生意，本钱几乎全是鲍叔牙出的，可是赚了钱，管仲拿的却比鲍叔牙还要多。很多人认为不公平，鲍叔牙却说："管仲并不是贪财，而是因为他家里穷，多拿一点没关系。"别人都认为管仲没什么本事，鲍叔牙说："管仲不是没有才干，他只是没有施展才能的机会。"管仲和鲍叔牙一起去打仗，管仲都躲在最后面，经常逃跑。大家就讥笑管仲贪生怕死。鲍叔牙马上替管仲说话："你们不了解管仲，他决不是贪生怕死之辈，他家里有老母亲需要照顾！"管仲因此说："生我者父母，知我者鲍叔牙！"

后来，齐釐公去世，公子诸继位，史称齐襄公。齐襄公荒淫无道，不理朝政。鲍叔牙预感齐国一定会发生内乱，就带着公子小白逃到了莒国，管仲则带着公子纠逃到了鲁国。不久之后，齐襄公被人杀死，齐国真的发生了内乱。

流亡在外的公子纠和公子小白都想回国争当齐国国君。鲍叔牙十分着急，力劝小白快速回国，并亲自为小白驾车，日夜兼程赶往齐国边界。率兵回国争位的公子纠和小白相遇了，管仲先发制人，一箭射中了小白身上的铜制衣带钩。小白咬破舌头，口吐鲜血，倒在车里诈死，骗过了管仲，麻痹了鲁军，然后日夜兼程赶到国都临淄，受到齐国大臣们的拥戴，被立为国君，是为齐桓公。

小白当上国君以后，决定封鲍叔牙为宰相，鲍叔牙却对齐桓公说："管仲各方面能力都比我强，应该请他来当宰相才对！"齐桓公一听，立即反对："管仲与我有一箭之仇，要置我于死地，我正要杀了他，你居然叫我请他来当宰相，这是什么道理！"鲍叔牙坚持道："这不能怪他，那时是各为其主，他是为了帮他的主人公子纠才这么做的！我推荐他做宰相，是因我有五个方面比不上管仲：宽惠安民，让百姓听从君命，我不如他；治理国家，能确保国家的根本权益，我不如他；讲究忠信，团结百姓，我不如他；制作礼仪，使四方都来效法，我不如他；指挥战争，使百姓更加勇敢，我不如他。"

齐桓公也是宽宏大度的人，不记射钩私仇，采纳了鲍叔牙的建议，重用管仲，任命他为宰相。管仲担任宰相后，协助桓公在经济、内政、军事方面进行改革，数年之间，齐转弱为强，成为春秋前期中原经济最发达的强国，齐桓公也成了"九合诸侯，一匡天下"的霸主。

祁奚本姬姓，名奚，字黄羊，春秋时晋国人，因食邑于祁，遂为祁氏。晋悼公即位，祁奚被任命为中军尉。祁奚在位约六十年，为四朝元老。他忠公体国，急公好义，誉满朝野，深受人们爱戴。虽然祁奚在政治上没有施展抱负的机会，但他一心荐贤却成为千古美谈，为人所称颂。祁位于帝尧封地，其地人民勤俭质朴，有"尧之遗风"，这种品质在祁奚身上表现得尤为突出。

公元前 570 年，祁奚因年老告退。晋悼公问："谁可以接替中军尉一职？"祁奚举荐了自己的杀父仇人解狐。但解狐未及上任就死了。悼公再次问他："谁还可以接替中军尉一职呢？"他回答说："我的儿子祁午可以。"不久，中军佐羊舌职也死了，当悼公再次征求祁奚意见时，他又向悼公推荐了羊舌职的儿子。悼公问："你为什么既举荐你的仇人，又推荐与你关系密切的人呢？"祁奚答道："主公问的是何人能胜任，并非问及其人与我的关系呀！"悼公认为有理，便任命祁午为中军尉，羊舌职的儿子羊舌赤为中军尉辅佐。

晋平公时，执掌晋国朝政的大臣范宣子杀死了大夫羊舌虎，其兄叔向被株连入狱。有人劝叔向求宠臣大夫乐王鲋为他说情，叔向却说："唯祁大夫能救我。"祁奚听说后，不顾年老路遥，驱车面见范宣子，义正辞严地说：《尚书》讲，对一位有智慧、有谋略训诲的人应当信任、保护及安慰。叔向是参与谋划国家大事而很少有过错、教诲别人又从不知疲倦的人。对这样的人不给以安慰重用，却反而株连，这是国之大失啊！过去，鲧被处死，其子禹却得到重用；管叔、蔡叔被杀逐，其兄周公却仍在辅佐成王。我们怎么能因为一个羊舌虎，就置整个国家利益于不顾呢？"范宣子听了很受感动，两人一起面见晋平公，说服晋平公赦免了叔向。事后祁奚悄然而归，叔向也未登门拜谢。

祁奚这种以国家社稷为重，外举不避仇、内举不避亲、举贤不为谄、救人不图报的"尚公"精神，受到世人的称道。孔子赞美："祁奚举荐仇人，不为巴结；举荐儿子，不为偏爱；举荐辅佐，不为结伙。只有贤能才可以举荐贤能啊！"

太史简

春秋齐国有一个权臣叫崔杼，其封邑在崔，谥号为
"武"，故又称崔武子。崔武子曾辅佐齐灵公，立齐庄
公，后又杀齐庄公立齐景公，声威显赫，在当时的齐国
可谓只手遮天。

崔杼的家臣东郭偃，有个姐姐东郭姜，是绝色美
女，嫁给了棠公。棠公死后，东郭姜成了寡妇。崔杼带
着东郭偃去吊唁棠公时，见到了东郭姜，马上决定要娶
东郭姜。东郭偃提醒说："两家都出自齐国公室，同为
姜姓，不可通婚。"崔杼不听，坚持迎娶东郭姜。

齐庄公好色，他经常借故支开崔杼，跑到崔家与东
郭姜寻欢作乐，还把崔杼的帽子到处赏赐他人。崔杼心
中愤恨不已。

齐庄公不仅行为不检，而且恃勇好斗。他趁晋国内
乱，借机攻打。崔杼以这件事为口实，打算杀了齐庄公
以取悦晋国，从而解除晋国对齐国的威胁。于是，崔杼
勾结正怀恨齐庄公的太监贾举，设计诱杀齐庄公。崔杼
引诱齐庄公来会东郭姜，在家里埋伏好士兵。在贾举配
合下，齐庄公中了崔杼的埋伏，被杀死在崔府。崔杼拥

齐景公继位，自己为相，任命庆封为左相。

齐国太史记录这件史实时写道："崔杼弑其君。"崔杼杀了他。太史的弟弟接替哥哥之职，还是这样写，崔杼又杀了他。另一个弟弟再接替其职，仍然坚持这样写。崔杼不敢再杀。南史氏听说太史被杀，恐正义不伸，于是拿着简前往齐国国都，简上所书同样是"崔杼弑其君"。半道上得到消息，太史的弟弟已如实做了记录，这才返回。

齐太史三兄弟和南史氏不畏强权、宁折不弯、尊重史实、忠于职守的精神是天地间正气的表现之一，维护了伟大的直书实录的史学传统。

晏子进谏

　　齐景公贪图享乐，置民生疾苦于不顾，可以连续打猎十八天不理朝政。面对这样一个庸君，晏子进谏显得格外困难。好在景公借鉴了庄公被杀的教训，尽管晏子的话逆耳，最终也还能够听得进去。晏子进谏的内容有以下几个方面：一是勤政爱民，二是节用戒奢，三是任贤去佞，四是崇礼尚义，五是反对战争。晏子进谏的方式多为当面提出，不留情面，他利用一切可以利用的机会，进谏时很讲究艺术，故常能让景公幡然醒悟。

　　有一年冬天，连下三天雪还不放晴。景公披着用狐狸腋下白毛做的皮衣，坐在正堂前的台阶上。晏子进宫谒见，站了一会儿，景公说："奇怪啊！下了三天雪，可是天气却并不冷。"晏子说："我听说古代贤德的国君自己吃饱却知道别人的饥饿，自己穿暖却知道别人的寒冷，自己安逸却知道别人的劳苦。现在君王不知道别人了。"景公领悟道："说得好！我听从您的教诲了。"便命人发放皮衣、粮食给饥饿寒冷的人。

　　一次，有人得罪了齐景公，景公非常生气，命人把那人绑在大殿上，准备处以分厂的极刑，并且说如果有人胆敢劝阻，一律格杀勿论。晏子左手抓着人犯的头，右手拿着刀，抬头问景公："古时圣王明君肢解人犯的规矩，不知是先从哪个人开始的？"景公立刻站起身说："放了他吧，这是寡人的错。"

景公时，刑律条文繁多。有一天，景公出游，见有卖踊（被砍去一脚的罪犯所穿的鞋）的，就问晏子："贤卿住的地方靠近市集，可知道是踊贵还是普通鞋子贵？"晏子答："踊贵。"景公突然有所领悟，下令废除了刖刑。

景公的爱妾婴子死了，景公思念不已，三天不吃饭，坐在婴子尸体旁不离开，尸体无法入殓。别人来劝说，都不管用。晏子就说："有一位医生想救治婴子。"景公一听就起来了，高兴地说："死了的人还可以救活吗？"晏子说："不妨试一试。请君王回避。"景公走后，晏子命令立刻将尸体入殓。景公知道后很不高兴，说："我当国君，不过是徒有其名罢了！"晏子说："难道君王不知道死人不能复活吗？国君正，臣子服从，就叫顺。国君邪僻，臣子服从，就叫逆。朽尸不入殓，是羞辱尸体！"景公终于醒悟过来。

　　春秋时候，楚国宛有一个叫百里奚的人，他勤奋好学，才智过人，胸怀大志。因家境清贫，百里奚三十多岁才娶妻杜氏。杜氏很贤惠，夫妻恩爱，不久生了个儿子，叫孟明视，一家三口其乐融融。杜氏是个很有见识的女子，深知丈夫志向，就鼓励百里奚努力去实现自己的理想。

　　百里奚于是开始了出游求仕的道路。他历经宋国、齐国等国家，都没有得到任用。行至齐国，百里奚陷入困境，流落街头乞讨。这时，他遇见了蹇叔，两人一见如故。在蹇叔的推荐下，百里奚到虞国做了官。

　　虞国国君目光短浅、爱财如命，在受了强邻晋国的宝玉和宝马等财物后，竟然答应借道给晋国，让晋国去攻打自己同姓兼同盟的邻国虢国。百里奚对虞国国君述说唇亡齿寒的道理，但无济于事。果然，晋国灭虢国后，返回途中又灭掉了虞国，虞国国君和百里奚等大臣都做了俘虏。由于百里奚拒绝在晋国做官，晋献公将他当作女儿陪嫁的奴仆送往秦国。途中，他乘人不备逃跑到楚，却被楚国当作奸细抓了起来。楚成王听说百里奚擅长养牛，就让他在楚国养牛。

秦国国君秦穆公胸怀大志，他听说百里奚是个人才，就想以重金赎回。秦穆公的谋臣公子絷说："那楚成王肯定不知道百里奚是旷世奇才，才让百里奚牧牛。如果用重金赎他，那不就是告诉人家百里奚是个人才吗？何况百里奚也是楚国人，必定会受到楚国重用。"秦穆公问："那我怎么样才能得到百里奚呢？"公子絷说："用一个奴隶的价格，也就是五张黑公羊皮去要求换回百里奚，那样楚成王就一定不会怀疑了。"

当百里奚被押回秦国后，秦穆公亲自接见了他。一看他满头白发，大失所望，问道："先生多大岁数？"百里奚说："我还不到七十岁。"秦穆公惋惜道："可惜先生太老了。"百里奚说："大王如果派我上山打老虎，我确实是老了。如果让我坐下来商议国家大事，我比姜子牙还年轻！"秦穆公感到他的话很有道理，就邀请他单独谈话。经过几次长谈，秦穆公意识到百里奚果真是难得的治国奇才，便亲自解除了他的奴隶身份，拜他为左丞相。因百里奚是秦穆公用五张黑公羊皮换回来的，故世人称百里奚为"五羖大夫"。

百里奚给秦国带去了先进的文化、政治和耕作技术，使秦国由一个偏僻的小国一举成为可与晋国、楚国争高低的强国，秦穆公则成了名副其实的春秋五霸之一，为之后秦国兼并六国、统一中国奠定了基础。

　　春秋时候，晋国和燕国联合侵入齐国，齐景公召集大臣商量对策。齐国宰相晏婴说："现在最重要的是，我们需要一个文武全才当统帅，率领我正义之师把晋、燕联军赶出去。"齐景公说道："让谁做统帅，想必你早有人选了吧？"晏婴回答说："田穰苴！"齐景公惊诧道："田穰苴是什么人？我怎么从来没听说过？"晏婴说："田穰苴是个士人，但博学多才，熟读兵法，而且武艺高强。他若做了统帅，肯定能把晋、燕联军驱除出去。"

　　齐景公接见了田穰苴，见他举止不凡，谈吐自如，暗暗称赞。当下宣布任命田穰苴为统帅，集聚人马抗击敌军。田穰苴说："我出身卑微，又没有什么名气，大王让我做统帅，恐怕难以让将士们信服，能不能派一位声望高的大臣做监军，来帮助我？"齐景公指定庄贾为监督军。庄贾在大臣当中威信较高，又是齐景公的宠臣，每有大事，齐景公都会征求他的意见。

　　田穰苴恭敬地对庄贾说："大人，目前军务紧急，明天中午在军营前集合军队，开始训练，请您务必在午时前到达，我在军营门前恭候。"

第二天早晨，田穰苴来到军营，在大营的中心位置安设了一支计时木表，用来计算时间。太阳渐渐升高，木表的日影越来越短，眼看午时已到。田穰苴和将士们身披铠甲手持武器，等待庄贾。午时，将台上敲响了战鼓，田穰苴登上将台，对将士们讲明军纪，鼓励刻苦训练，奋勇杀敌，接着就开始操练。等到操练完毕，庄贾还是没有到。

原来庄贾当上监督军，大摆宴席，大臣们纷纷前来祝贺，为他送行。他喝得酩酊大醉，早把午时到军营的事忘得一干二净。快到晚上时，庄贾才想起要去军营之事，他坐车来到军营，由侍卫搀扶着下了车，晃晃悠悠地往里走，远远看见田穰苴在将台上正襟危坐。他满不在乎地一步一晃地走向将台。田穰苴厉声问道："监军大人，为什么不按约定时间来军营？"庄贾说："亲戚朋友知道我当了监督军，都来向我祝贺，我一时高兴，就多喝了几杯，所以来晚了。"田穰苴厉声道："您是军中监军，比其他将士更应该遵守军法。现在晋、燕军队已进入我们国境，边境的将士们正在浴血奋战，这个时候，您怎么能这样饮酒作乐呢？"庄贾无言以对。田穰苴问身边的军法官："在军事活动中，未按时到达，应受什么处罚？"军法官应道："应当斩首。"庄贾一听吓坏了，撒腿就想往台下跑。田穰苴大声喝道："快把他绑起来，就地斩首！"武士们立刻把庄贾绑起来，砍了脑袋。

从此以后，谁也不敢违犯军令、军法了。齐国军队在田穰苴带领下，经过短期训练，已成为一支军纪严明、英勇善战的军队。不久，田穰苴率军奔赴战场，打败了晋、燕联军，收复了失地。

燕国本是个大国。传到燕王哙手里时，哙听信奸人的主意，竟学起传说中尧舜让位来，把王位让给了相国子之。燕国将军和太子平不忿，谋划攻击子之，燕国大乱。齐国借平定燕国内乱的名义，打进燕国，差点灭掉燕国。后来燕国军民推太子平为国君，即燕昭王，军民一起奋起反抗，终将齐国军队赶了出去。

燕昭王立志使燕国强大起来，下决心物色治国的人才，可是没找到合适的人。有人提醒他，老臣郭隗挺有见识，不如去找他商量一下。

燕昭王亲自登门拜访郭隗，说："齐国趁我国内乱侵略我们，这个耻辱我是忘不了的。无奈燕国国力弱小，无力报仇。要是有个贤人来帮助我报仇雪耻，我宁愿伺候他。您能不能推荐这样的人才呢？"

郭隗摸了摸胡子，沉思了一下后说："现成的人才我也说不上来，请允许我先说个故事吧。"接着，他就说了个故事：

古时候有个国君，最爱千里马。他派人到处寻找，找了三年都没找到。有个侍臣打听到远处某个地方有一匹名贵的千里马，就跟国君说，只要给他一千两金子，准能把千里马买回来。国君挺高兴，就派侍臣带了一千两金子去买。没料到侍臣到了那里，千里马已经病死了。侍臣就用五百两金子把马骨买了回来。回来后，国君大发雷霆："我要你买的是活马，谁叫你花那么多钱把没用的马骨买回来？"侍臣不慌不忙地说："听说您都肯花钱买马骨，还怕没有人把活马送上来？"国君将信将疑。消息传开后，大家都认为那位国君是真心爱惜千里马，不出一年，果然从四面八方送来了好几匹千里马。

郭隗讲完这个故事后说："大王一定要征求贤才，就不妨把我当做马骨来试一试吧。"

燕昭王听了大受启发，回去以后，马上派人造了一座很精致的房子给郭隗住，还拜郭隗为师。各国有才干的人听到燕昭王这样真心实意召请人才，纷纷赶到燕国来求见。乐毅从魏国赶来，邹衍从齐国而来，剧辛从赵国赶至，人才争先恐后地集聚到燕国。赵国人乐毅是其中最出名的，燕昭王拜他为亚卿，请他整顿国政，训练兵马，燕国自此一天天强大起来。

这时候，燕昭王看到齐湣王骄横自大，不得人心，就对乐毅说："现在齐王无道，正是我们雪耻的时候，我打算发动全国人马去攻打齐国，你看怎么样？"乐毅说："齐国地广人多，靠我们一个国家去打，恐怕不行。大王要攻打齐国，一定要跟别的国家联合起来。"

燕昭王派人与韩、魏两国联系，派乐毅到赵国，劝赵国联合秦国一起伐齐。

公元前284年，燕昭王拜乐毅为上将军，统率五国兵马，浩浩荡荡杀奔齐国。齐湣王听说五国联军打过来，也着了慌，把全国兵马集中起来抵抗联军，在济水的西面打了一仗。由于乐毅善于指挥，五国人马斗志昂扬，把齐国军队打得一败涂地，齐湣王逃回临淄。

赵、韩、秦、魏的将士打了胜仗，各自占领了齐国的几座城，便不想再打下去了。但乐毅不肯罢休，他亲率燕国军队长驱直入，一举攻破了齐国都城临淄。

燕昭王因乐毅立了大功，亲自到济水边劳军，论功行赏，封乐毅为昌国君。

西门豹治邺

战国初期，魏国国君魏文侯派精通法律、不信鬼神的西门豹出任邺令。

西门豹到邺县后，看到大片土地荒芜，人烟稀少，一副凋敝景象。第二天，他就召集地方上德高望重的人，问百姓疾苦。这些人说："这地方因给河伯娶媳妇的缘故，把人害苦了，真是民穷财尽。"原来流经邺县的漳河，每年夏季一遇大雨就河水暴涨，淹没百亩良田，甚至人畜亦常被卷走。

又有人道："不止天灾，还有人祸。邺县的三老（负责教化的乡官）、廷掾（衙吏）同巫婆勾结起来，说给河伯娶媳妇，每年都要向老百姓征收赋税、搜刮钱财，收取的钱财有几百万，他们只用二三十万为河伯娶媳妇，其余的都被他们分了。到了河伯娶亲的日子，他们让事先选中的女子坐在床铺上面，然后推入河中。床铺起初还浮在水面上，漂着漂着便沉没了。那些有漂亮女孩子的人家，大多带着女儿逃走了。现在城里越来越空荡无人，以致更加贫困，这种情况已经持续很久了。百姓间流传着'假如不给河伯娶媳妇，就会大水泛滥，把这里的人都淹死'的说法。"西门豹说："到了给河伯娶媳妇的日子，请你们来告诉一声，我也去送送新娘。"

到了那天，西门豹穿戴整齐，带一队随从来到河边。三老、廷掾、巫婆及其弟子、地方父老都来了，看热闹的老百姓里三层、外三层围得水泄不通。女巫是个七十多岁的老婆子。女弟子有十来人，都穿着丝质单衣，站在老巫婆身后。西门豹说："把新娘子叫过来，我看看她长得漂不漂亮。"人们马上扶着那女子出了帷帐，来到西门豹面前。西门豹看了看，对三老、廷掾、巫婆们说："这个女孩子不漂亮，有请大巫婆去禀报河伯，需重新找一个漂亮的女孩子，过几天再送她去。"说完就叫随从们抱起大巫婆，把她抛入河中。过了一会儿，西门豹说："巫婆为什么去了这么久还不回来？叫她的弟子去催催她！"又把她的一个弟子抛入河中。又过了一会儿，说："这个弟子为什么也这么久不回？再派一个人去催催她们！"于是又抛了一个弟子到河中。如此总共抛了三个弟子。西门豹说："巫婆和她的弟子都是女人，事情说不清楚，请三老替我去说明情况。"说着又把三老抛入河中。长老、廷掾等在旁边看得惊慌害怕。西门豹说："巫婆、三老都不回来，怎么办？"意欲再派一个廷掾或者长老到河里去催他们。这些人吓得面如死灰，在地上连连叩头，把头都叩破了，血流了一地。西门豹说："你们不是说假如不给河伯娶媳妇，就会大水泛滥，把这里的人们都淹死嘛，我看还是请你们去一趟吧！"廷掾们连忙说道："这些都是我们编造出来的谣言，请大人饶命啊！"西门豹说："这漳河河水泛滥是因淤泥堵塞河道，根本就不存在什么河伯作祟！从今天起，有谁再敢说给河伯娶亲，就让他到河里去说媒。"话音刚落，人群欢声雷动。

废除"河伯娶亲"陋习之后，西门豹号召老百姓参加治漳工程，家家户户出人力，带着工具挖掘淤泥。西门豹亲自来到工地，带领大家开通了十二条渠道，引水来灌溉农田，粮食产量大幅度提高。

焚券市义

战国时，齐国有一人叫冯谖。因为太穷不能养活自己，他便托人告诉孟尝君，表示希望成为门下食客。孟尝君问他擅长什么，回答说没有什么擅长的；又问他有什么本事，回答说也没有什么本事。孟尝君听后笑了笑，但还是接受了他。

其他的门客认为孟尝君看不起冯谖，就让他吃粗劣的饭菜。按照孟尝君的待客惯例，门客按能力分为三等：上等是车客，出入有车；中等是门下之客，吃饭时有鱼有肉；下等是草具之客，吃饭时无鱼无肉。过了一段时间，冯谖倚着柱子弹剑唱道："长剑我们回去吧！吃饭没有鱼，也没有肉。"左右把这事告诉了孟尝君。孟尝君说："给他中等门客的待遇吧。"过了一段时间，冯谖又弹剑，唱道："长剑我们回去吧！外出没有车子。"左右都取笑他，并把这件事告诉了孟尝君。孟尝君说："给他上等门客的待遇吧。"冯谖于是乘车举剑去拜访他的朋友，十分高兴地说："孟尝君待我为上等门客。"不久，冯谖又弹剑唱道："长剑我们回去吧！没有能力养家。"此时，孟尝君的手下都开始厌恶冯谖，认为他贪

得无厌。孟尝君听说此事后问他："冯公有亲人吗？"冯谖说："家中有老母亲。"于是孟尝君派人供给他母亲吃用。自此冯谖不再唱歌。

后来，孟尝君拿出记事的本子来询问众门客："谁熟习会计之事？"冯谖在本子上署了自己的名，并签上一个"能"字。孟尝君见了名字不认识，左右的人说："就是弹剑唱歌之人。"孟尝君笑道："这位客人果真有才能，我亏待了他！"他立即派人请冯谖来相见，当面赔礼道："我整天埋在国家大事之中，以致怠慢了您，而您却并不见怪，倒愿意往薛地去为我收债，是吗？"冯谖回答道："我愿意去。"于是套好车马，整治行装，载上契约票据准备动身。辞行时冯谖问："债收完了，买什么回来？"孟尝君说："您就看我家里缺什么吧。"

到了薛地，冯谖派官吏把该还债务的百姓找来核验契据。核验完毕后，他假托孟尝君的命令，把所有的债款赏赐给欠债人，并且当场把债券烧掉，百姓都高呼"万岁"。

冯谖马不停蹄地往回赶，清晨就求见孟尝君。见冯谖回来得如此迅速，孟尝君很奇怪，立即召见他，问道："债都收完了吗？怎么回来得这么快？"冯谖说："都收了。""买什么回来了？"孟尝君问。冯谖回答道："您曾说'看我家缺什么'，我私下考虑您家中积满珍宝，马房多的是猎狗、骏马，后庭美女如云，您家里所缺的只不过是'仁义'罢了，所以我用债款为您买了'仁义'。"孟尝君道:"'买仁义'是怎么回事?"冯谖道:"现在您不过有块小小的薛邑,如果不抚爱百姓,视民如子,而用商贾之道向人民争利,这怎么行呢?因此我擅自假造您的命令,把债款赏赐给百姓,烧掉契据,百姓均感恩戴德,欢呼'万岁'。这就是我为您买仁义的方式。"孟尝君听后颇不悦。

过了一年,齐闵王对孟尝君说:"我可不敢把先王的臣子当作我的臣子。"孟尝君只好到他的领地薛去。还差百里未到,薛地百姓扶老携幼,都在路旁迎接孟尝君到来。孟尝君见此情景,回头看着冯谖道:"您为我买的'义',今天见到作用了。"冯谖说:"狡猾的兔子有三个洞才能免遭死患,现在您只有一个洞,还不能高枕无忧,请让我再去为您挖两个洞吧。"孟尝君应允了,给冯谖五十辆车子,五百斤黄金。

冯谖往西到了魏国,他对惠王说:"现在齐国把他的大臣孟尝君放逐到国外去了,哪位诸侯先迎住他,就可使自己的国家富庶强盛。"于是惠王把相位空出来,派使者带着千斤黄金、百辆车子去聘请孟尝君。冯谖先赶回去,告诫孟尝君说:"黄金千斤,这是很重的聘礼了;百辆车子,这算显贵的使臣了,齐国君臣大概听说这事了吧。"魏国的使臣往返了三次,孟尝君坚决推辞不去魏国。

齐国听到这个消息,君臣震恐,连忙派遣太傅带黄金千金、文车二驷、服剑一、封书等物,非常隆重地向孟尝君谢罪并请他复居相位,回国来治理万民。冯谖劝孟尝君趁机索取先王的祭器,立宗庙于薛。等齐国的宗庙在薛地落成后,冯谖向孟尝君报告说:"三窟已造好,您可以高枕无忧了。"

楚王断缨

一次，楚庄王设宴招待群臣，席间令他宠爱的嫔妃劝酒，还特别叫最宠爱的两位美人许姬和麦姬轮流向文臣武将们敬酒。酒席上钟鼓齐鸣，轻歌曼舞，觥筹交错。一直喝到傍晚，大家都喝得醉醺醺的。突然一阵狂风吹过，把灯烛吹灭了，一片漆黑。黑暗中，不知谁用手抓住了许姬的衣袖，许姬急中生智，一把拽断那人系帽子的缨带，那人才松手去保护自己的帽子。许姬乘机脱身来到楚庄王身边，哭诉被人调戏的经过，并说那个人的帽带已被她拉断，只要点上灯烛，就可以查出此人是谁。

楚庄王听完，却传令不要点燃蜡烛，大声说道："寡人今日设宴，务要尽欢而散。现请诸位都去掉缨带，尽兴饮酒。"听楚庄王这样说，群臣纷纷把自己的帽缨扯断。灯烛重新点燃时，许姬想查出调戏她的那个人，却无从下手。君臣尽兴而散。

席散回宫，许姬怪楚庄王不为她出气。楚庄王说："此次君臣宴饮，旨在狂欢尽兴，融洽君臣关系。酒后失态乃人之常情，若要究其责任，加以责罚，岂不大煞风景？"

　　三年后，晋国与楚国打仗。一位楚国将军英勇善战，奋勇当先，五次交锋都是第一个冲杀在前，带头打击敌人，最后楚国大获全胜。楚庄王召见了这位猛将，问他说："我德行浅薄，又不曾特别优待你，你为什么毫不犹豫地为我出生入死呢？"那位将军回答说："我本来就该死，我就是三年前那天晚上被许姬扯断帽缨之人。那次宴会上酒醉失礼，大王不但没有惩罚我，而且还为我掩盖过失。我总想找个机会报答您。"

孙
武
杀
吴
王
爱
姬

伍子胥把孙武推荐给吴王阖闾。吴王对孙武说："你的兵法十三篇我已经看过了。你说的虽然很好，但不知实战起来效果究竟如何，能不能找个什么地方练练？"孙武说："可以。""那寡人就让你带上一支队伍，去征伐楚国，打败越国，你说行不行？""不行！兵者，是国家大事，没有正当理由，没有充分准备，又怎么能随意挑起战争呢？"孙武一口拒绝。吴王笑了笑："不错。既然不能轻易攻打邻国，那我就给你一支队伍训练训练，可以吗？""没问题，什么样的队伍都可以训练。"孙武胸有成竹。"什么队伍都行？"吴王阖闾想了想，"那我把后宫的女人们交给你训练，行吗？"孙武毫不犹豫地说："当然可以。"

吴王阖闾就把他后宫的一百八十名宫女召来，交给孙武操练。

孙武让所有宫女分为左右两队，挑选出吴王最喜爱的两名宠姬担任队长，右姬管理右队，左姬管理左队，都穿上盔甲，手持兵器，站定听命。

宫女们穿上盔甲后，一手持盾，一手握剑，大家相

互看了，都觉得好笑，嘻嘻哈哈笑个不停。孙武对宫女们说："大家安静！现在，你们不再是宫女，而是士兵！击鼓！"

行军打仗，重在步调一致。中军指挥，鼓旗为号，孙武命令士兵示范击鼓，怎样是前进，怎样是后退，怎样是左转，怎样是右转，怎样是停顿。交代完毕，孙武开始第一遍演练。鼓声响起后，宫女们无动于衷，你看着我，我看着你，都觉得好玩，嘻嘻哈哈的。孙武不动声色，继续第二通响鼓。宫女们仍然大笑不止，没有人听他的命令，都觉得这只是在演戏。第三通鼓响了起来，有的宫女笑弯了腰，有的蹲了下来，有的干脆坐到了地上。

孙武的脸色很难看。"大家不要笑，这一次，可能是大家没有理解，我再重复一遍。"孙武把命令又大声讲了一遍。第二次演练开始了，孙武亲自击鼓。但是，这一次还是一样，宫女们都不听他指挥，没有丝毫进步。

孙武的脸色更难看了。"我再为大家讲解一遍，两个队长请注意，约束好你们的部下。"孙武又耐心地讲了一次，开始第三次演练。结果仍是一样，宫女们边笑边指着孙武，看他的笑话。

孙武大喝道："约束不明，申令不行，是我这个指挥官的罪过。既已约束，且三令五申，你们却仍不听从指挥，这就是队长的问题了，如何处置？”一旁的执法官回答："当斩！"孙武一声令下，把两个队长抓了出来，就要当众斩首。

此时，吴王阖闾正在远处高台上观赏孙武练兵，看到孙武要斩杀自己的两个宠姬，急忙下令叫身边的伯嚭赶去救人。当伯嚭飞奔而至时，两名宠姬已被按倒在铡刀之下，吓得花容失色，浑身发抖。

"刀下留人！大王有令，请放了两位宠姬。"伯嚭传王令。"这里是军队。大王已经任命我为将，将在军，君命有所不受。"孙武转身对执法的军士喊道："执行命令！"大铡刀"咔"的一声，两位美姬人头落地。余下的宫女们吓得鸦雀无声。

孙武叫两队排在第二的两名宫女上前，接替两个队长的位置。"你们要记好，一切行动听队长，队长若不在了，由下一个自动接替，以后都这样。"

此时鼓声再次响起，宫女们战战兢兢，小心翼翼地迈着步伐，左右进退，回旋规矩，没有一个人犯规。

不一会，鼓声停止了。孙武来见吴王："大王，操练结束，兵已训练整齐，大王可以亲自指挥，就是叫她们赴汤蹈火，她们也不敢违抗。天下不难定也！"吴王不悦："行了，寡人知道你确实善于用兵，你回去休息吧，寡人不想再看了。"孙武扭头就走了。

在一旁陪看的伍子胥赶紧劝道："大王，我听说兵者凶事也，绝不可空试。要想兴兵诛伐楚国以称霸天下威震诸侯，非孙武这样的将才不可！您不用他，那谁能跨过淮河渡越泗水去千里奔袭强大的楚国？再说了，不就两个宠姬吗？宠姬易得，大将难求啊！"

吴王终于下定决心重用孙武，鸣鼓会军，集结吴国大军，准备攻打楚国。吴楚之间的大战，就此拉开帷幕。

负荆请罪

渑池会结束以后回到赵国，蔺相如因为功劳大，被封为上卿，官位在廉颇之上。廉颇愤愤不平："我是赵国的将军，有攻城略地之大功，而蔺相如只不过靠能说会道立了点功，却位在我之上，况且蔺相如本就出身卑贱，我实在羞居其下。"扬言道："我如果碰见蔺相如，一定要羞辱他一番。"蔺相如听到这话后，不愿意和廉颇见面。每到上朝的时候，蔺相如常常称病，不愿和廉颇去争位次的先后。

没过多久，蔺相如外出，远远看到廉颇，蔺相如就掉转车子回避。蔺相如的门客一齐来对蔺相如说："我们之所以离开亲人来侍奉您，是仰慕您高尚的节义。如今廉颇说您坏话，您却因害怕而躲避着他，胆怯得也太过分了！一般人尚且感到羞耻，更何况是身为将相的人呢！我们无颜在此，告辞了！"蔺相如挽留道："你们认为廉将军和秦王相比谁更厉害？"众人都说："秦王更厉害。"蔺相如说："以秦王的威势，我尚敢在朝堂上呵斥他，羞辱他的大臣，我蔺相如虽然无能，难道只害怕廉将军吗？我是想，强秦之所以不敢对赵国用兵，就

是因为有我们两人在呀。如今我们两个相斗，就如两虎相搏，势必不能共存。我所以这样忍让，是先国家之急而后私仇！"

廉颇听说后，颇感惭愧，就袒露上身，背着荆条，来到蔺相如门前请罪："我见识短浅，真没想到将军的胸怀这样宽大啊！"于是二人和好，成了生死与共的好友。

萧何夜下追韩信

韩信是西汉开国功臣，中国历史上杰出的军事家，兵家四圣之一，被后人奉为"兵仙""神帅"。

秦末，项梁率领抗秦义军渡过淮河向西进军的时候，韩信就投奔了他，却得不到重用，一直默默无闻。项梁失败身亡后，韩信又跟随项羽，仍没有得到重用。他经常向项羽献计献策，但都未被采纳。刘邦被项羽封为汉王时，韩信转去投奔他，当了一名接待来客的小官。一次，韩信犯了案，被判死刑，和他同案的十三个人都依次被杀了，轮到杀他的时候，正好刘邦部下一个将军夏侯婴经过，韩信高声求救，说："汉王难道不想打天下了吗，为什么要斩壮士？"夏侯婴看韩信的模样，一表人才，便把他放了，推荐给汉王。但汉王只派韩信做管理粮饷的治粟都尉。

后来，谋士萧何见到韩信，相谈之后，认为韩信是个奇才，几次三番地劝汉王重用他，但汉王总是不听。

韩信料到萧何他们已经在汉王面前多次保荐过他了，可是汉王一直不重用自己，失望之下，弃官而走。萧何听说韩信走了，来不及报告汉王，赶紧沿路追赶。

有个不明底细的人报告汉王说："丞相萧何逃跑了。"汉王极为生气，就像失掉了左右手似的。

萧何追了多时，不见韩信的踪影。这时，天色已晚，恰巧碰见一个樵夫，萧何急忙打听："你看见一个带剑的人从这里走过吗？"樵夫回答说："有，大概已跑出五十里了。"萧何此时虽已饥渴难耐，但仍继续追赶。

却说韩信骑马向前，忽然发现是条绝道，便勒住马，心下慨叹："天下之大，竟没有我容身之处！"此时萧何正好赶到，只听那马长嘶一声，萧何被甩了下来。韩信赶忙下马，扶起萧何。萧何拉住韩信的手说："你可把我害苦了！"韩信说："汉王对我心存疑虑，我已经没办法留在军中了。你对我的恩德，将来一定报答。"说完上马要走。萧何紧紧抓住马缰绳，恳求道："如果汉王不重用你，到时我和你一起走。"韩信只得答应。

萧何回来拜见汉王，汉王又是生气又是高兴，责备道："你为什么逃跑？"萧何答道："我哪里是逃跑，我是追逃跑的人。""你去追谁？"萧何说："是韩信。"汉王不悦道："跑掉的军官数以十计，你都没有追，倒去追韩信，显然是撒谎。"萧何说："那些军官是容易得到的，至于像韩信这样的人才，普天下也找不出第二个来。大王假如只想在汉中称王，当然用不上他；假如想争夺天下，除了韩信就再也没有可以商量大计之人了。"汉王说："我也打算回东方去呀，哪里能够老待在这地方呢？"萧何说："大王如果决计打回东方去，能够重用韩信，他就会留下来；假如不能重用他，他终究还是要跑掉的。"汉王说："看在你的面子上，让他做个将军吧。"萧何说："将军之位不能留住韩信。"汉王说："那就让他做大将军。"萧何说："太好了！"继而进言："大王如果诚心拜韩信做大将军，就该拣个好日子，事先斋戒，搭起高坛，按照任命大将的仪式办理才行！"汉王答应了。

从此，刘邦文依萧何，武靠韩信，举兵东向，争夺天下。

刘邦论成败

　　刘邦在楚汉之争中打败项羽，成功登上皇帝的宝座。刘邦称帝之后，自然也要对那些跟随他南征北战，为他谋夺天下的功臣们论功行赏。

　　刘邦认为萧何的功劳最显赫，封他为酇侯，给予的食邑最多。武将们不服："我们亲临战场，多的身经百战，少的交锋也不下十回合，攻城略地，都立了大小不等的战功。如今萧何只是舞文弄墨，封赏反倒在我们之上，这是为什么呢？"刘邦说："诸位懂得打猎吗？"群臣回答："懂。"刘邦又问："知道猎狗吗？"群臣说："知道。"刘邦说："打猎时，追咬野兽的是猎狗，但发现野兽踪迹、指出野兽所在地方的是猎人。萧何就像是发现野兽踪迹、指明猎取目标的猎人。再说诸位只是个人追随我，多的也不过一家两三个人。而萧何让自己本族里的几十人都来随我打天下，这功劳不可谓不大。"群臣都不敢再言语了。

　　一次宴席之上，酒兴正酣之时，刘邦与群臣论起成败，他说："各位不要有所忌讳，大胆地说说看，我能成功打败项羽，谋得天下的原因是什么呢？项羽兵败自杀的原因又是什么呢？"

王陵与刘邦从小就是朋友，又年长一岁，当下站起来说："陛下一向傲慢，又好侮辱人；项羽仁慈而又爱护人。然而陛下派人攻城略地，攻下了城邑就封给有功者，和大家利益相共，因此人人效命，这是陛下得天下的原因。项羽妒贤嫉能，有功的人遭陷害，贤良的人被怀疑，打了胜仗不论功行赏，攻占了土地不给人好处，这就是他失去天下的原因。"

刘邦听后沉默半晌，说道："你们只知其一，不知其二。得失的原因在于用人。讲到运筹帷幄，决胜千里之外，我不如张良；治理国家，安抚百姓，调运军粮，使运输线路畅通无阻，我不如萧何；统率百万大军，战必胜，攻必克，我不如韩信。这三个人都是杰出人才，而我能够任用他们，这是我能够取得天下的原因。项羽手下就一个范增，还不能任用，这就是他失败的原因。"群臣听了，离席下拜，连称："陛下所说，真是在理。"

萧规曹随

曹参是西汉开国功臣，在推翻秦王朝、楚汉战争以及汉初平定异姓王侯的战役中屡建战功。汉高祖刘邦即皇帝位后，曹参迁任齐相国；次年赐爵平阳侯，食邑平阳一万六百三十户。

惠帝即位后，曹参为齐丞相。他召集当地长老询问安定民生的办法，采纳胶西盖公的黄老术，清静无为，与民休息。结果，曹参相齐九年，齐国政治安定，大受百姓称赞。

公元前 193 年（孝惠帝二年），萧何病重，他向孝惠帝推荐的贤臣只有曹参。曹参听到萧何去世的消息后，告诉他的门客赶快整理行装，说："我将要入朝当相国去了。"过了不久，朝廷果然派人来召曹参。

曹参继萧何为相国后，一切皆遵萧何之法，无所变更。他委任属官，总是选择不善辞令的忠厚长者；将官吏中苛求文字细微末节、一味追求声誉者，斥退撵走；经常宴请卿大夫和部下、宾客，饮酒作乐。

汉惠帝看到曹丞相一天到晚请人喝酒聊天，好像根本就不用心为他治理国家似的，以为是曹相国嫌他太年轻而看不起他，所以不愿意尽心尽力来辅佐他。惠帝左思右想总感到心里没底，有些着急。

一天，惠帝对中大夫曹窋（曹参的儿子）说："你休假回家时，找机会试探下你父亲，就说高祖刚走，新帝年轻，作为丞相正当全力辅佐才是，却为何天天与人饮酒闲聊，长此以往，国事岂不荒废？你父亲如何回答，你如实回复我，但切忌让他知道。"曹窋受意，休假日回家时，找了个机会，按照汉惠帝的旨意跟他父亲闲谈，并规劝了曹参一番。曹参大发脾气，大骂："你懂什么朝政，这些事是该你说的还是该你管的？还不赶快给我回宫去侍候皇上！"一边骂一边拿起板子把儿子狠狠地打了一顿。

曹窋被打骂后，垂头丧气地回到宫中，向汉惠帝大诉委屈。惠帝更加莫名其妙。

第二天下了朝，汉惠帝把曹参留下，责备他说："你为什么要责打曹窋呢？他说的那些话是我的意思，是我让他去规劝你的。"曹参听后，立即摘帽跪地磕头谢罪。汉惠帝叫他起来，说："你有什么想法，尽管说吧！"曹参问惠帝："请问陛下，您和先帝相比，谁更贤明英武呢？"惠帝立即说："我怎么敢和先帝相提并论呢？"曹参又问："陛下看我的德才跟萧何相国相比，谁强呢？"汉惠帝笑着说："我看你好像是不如萧相国。"曹参接过惠帝的话说："陛下说得非常正确！既然您的贤能不如先帝，我的德才又比不上萧相国，先帝与萧相国立后陆续制定了许多明确而又完备的法令，卓有成效，难道我们还能制定出更好的法令规章来吗？现在陛下是继承守业，而不是在创业，因此，我们这些做大臣的，就更应该遵照先帝遗愿，谨慎从事，恪守职责，对已经制定并执行过的法令规章，就更不应该乱加改动，遵照执行即可。我现在这样照章办事不是很好吗？"汉惠帝沉吟道："我明白了，你不必再说了！"

曹参任丞相三年，极力主张清静无为不扰民，遵照萧何制定好的法规治理国家，使西汉政治稳定，经济发展，人民生活水平日渐提高。他死后，百姓编了一首歌谣称颂他说："萧何为法，讲若画一；曹参代之，守而勿失。载其清净，民以宁一。"

周勃，江苏沛县人，西汉开国功臣，被封为绛侯。周勃为人质朴，不善言词。汉高祖刘邦临死前，吕后询问丞相人选。高祖说，周勃重厚少文，将来安定刘氏天下的一定是他，可以任为太尉。高祖死后，周勃以列侯事惠帝。

公元前188年，二十三岁的汉惠帝去世，无子。此前吕太后曾叫孝惠皇后假装有孕，产期到了，把后宫一位美人的婴儿抱来，说是皇后生的，立为太子。又怕婴儿的母亲泄露秘密，就把她杀了。其时太子即位，称为少帝。吕后临朝，发布号令。

吕太后怕之前的功臣发生叛变，打算封吕氏数人为王。她先问右相王陵行不行。王陵说："不行！高祖曾经跟大臣们订过盟约：'非刘氏不得封王，无功者不得封侯，不遵此盟者，天下共击之。'现在要封吕氏为王，这是违背盟约的！"

吕后听了很不高兴，又问左相陈平和太尉周勃。他们回答说："高祖平定天下，封自己的子弟为王；现在太后临朝，治理天下，封自己的子弟为王，有什么不可以呢？"吕后这才高兴。

过了几天，吕后便免了王陵右丞相之职，让他告老还乡。吕后很快便封已经过世的父亲和大哥分别为宣王、悼武王，侄儿吕台为吕王。吕台死后，他儿子吕嘉继承为吕王。

虽然吕后千方百计地把少帝立为皇帝，少帝却并不感激她。公元前184年，少帝知道了母亲被杀的事，幽怨道："将来我长大了，一定要替我母亲报仇！"这话传到吕后耳朵里，她十分恐慌，就把少帝杀了，另立刘弘为帝，也称少帝。

公元前181年秋天，吕后病重，估计自己时日无多。她把守卫都城的南北两支禁卫军交给自己的两个侄儿吕禄和吕产，封吕禄为上将军，掌北军；让吕产掌南军。她嘱咐他们："封吕家人为王，大臣们都不赞成，我一死，他们可能作乱。你们带兵守卫宫殿，千万别出去送丧，免得被人暗算。"她还立了遗嘱：大赦天下，拜吕产为相国。

吕太后一死，按制下葬，吕禄、吕产都按吕后临死前的嘱咐，没有去送殡。他们准备谋反，但又忌讳周勃、灌婴这些老臣，不敢马上发动。朱虚侯刘章的妻子是吕禄之女，吕禄谋反的计划被他女儿知道了，告诉了刘章。刘章马上暗中派人通知其兄齐王刘襄，叫他发兵从外面打进来，再约别的大臣为内应，杀了吕家人，成事后即推请刘襄即位当皇帝。齐王刘襄接到消息后立刻发信给各诸侯，列举吕氏罪恶，号召大家一齐发兵征伐，他则亲自发兵往西进攻济南。

齐王发兵的警报到了长安，相国吕产慌忙派灌婴为大将，发兵抵抗。灌婴带领兵马到了荥阳，对将士们说："吕氏一族妄图夺取刘氏的天下，现在我们去攻打齐王，是帮着吕氏作乱。"将士们纷纷响应。灌婴就派使者去告诉齐王，双方都把军队驻扎下来，等待吕氏起兵造反，再一同打进长安去。齐王同意了，也暂时按兵不动。

吕禄、吕产虽欲谋反，但内惧周勃、刘章，外忧齐、楚兵马，兼恐灌婴叛变。周勃虽名义上是太尉，可是兵马全掌握在吕氏手里。周勃知道曲周侯郦商的儿子郦寄跟吕禄是好朋友，就和陈平商量，用计把郦商骗到家里软禁起来，逼着郦寄去劝吕禄交出兵权。

郦寄只好以好朋友的身份去劝吕禄："皇上叫太尉领北军，叫您回到赵国去。现在还来得及，我劝您快把将军的印交出来，要不然，大祸临头啦！"吕禄听从劝告，交出兵权，走了。

太尉周勃拿着将军印进了北军军营。他对士兵们说："现在吕氏和刘氏相争，你们自己可以决定到底帮谁，凡是愿意帮助吕氏的，袒露右臂；愿意帮助刘氏的，袒露左臂！"士兵们都不约而同地袒露左臂，周勃接管了北军军营。

周勃叫刘章监督军门，再传令宫殿里的卫士不准吕产进宫。吕产带着一队人马进宫去收玉玺，卫士们守住殿门，不准他进去。这时，刘章带领一千名士兵赶到了，双方交战，吕产被杀。吕氏兵权尽被收回。

大臣们派刘章去告诉齐王退兵。灌婴也从荥阳退兵。接着大臣们商议立谁为帝，一番争论之下，大臣们形成了统一意见，均认为代王刘恒是高祖第四子，心眼好，其母薄氏小心谨慎，薄家也没有势力，是皇帝的最佳人选。

代王刘恒被迎圣即位，是为汉文帝。汉文帝即位后，励精图治，奉行节减，兴修水利，废除肉刑，使汉朝进入强盛安定的时期。

汉文帝勤政惠民

汉文帝刘恒，汉高祖刘邦第四子，汉惠帝刘盈之弟，西汉第五位皇帝。

文帝当政之初，就运用母亲教给他的黄老之术治理天下，与民休息，惠及百姓。汉文帝曾想造一个露台，他让工匠计算费用，约需百金，汉文帝认为花费太大而做罢。

汉文帝在位二十三年，没有盖宫殿修园林、增添车辆仪仗，甚至连狗、马都没有增添。他关心百姓疾苦，刚当上皇帝不久，就下令：八十岁以上的老人由国家供养，每月发给米、肉和酒。九十岁以上的老人，再发麻布、绸缎和丝棉若干，供他们做衣服。汉文帝自己穿粗布衣服，后宫妃嫔也服饰朴素。当时，贵夫人们长衣拖地是很时髦的，而汉文帝为了节约布料，即使是自己最宠幸的夫人，也不准做衣如此。宫里的帐帷全都没有刺绣、不带花边。

文帝非常重视农业，认为农业是天下的根本。为了劝农耕种，他在春日亲自扶犁耕地，以作表率。他还采纳晁错的建议，允许天下人以粮食换取爵位，或者用粮食来赎罪，大幅度减轻徭役，免除了农民的赋税，赢得万民称颂。

古代有多种肉刑，譬如割掉人的鼻子、砍去双脚、破坏生殖器等。最不公平的就是连坐法，一人犯罪，其家族成员一起受罚，或被处死，或沦为奴隶。文帝天性仁厚，他认为肉刑太残忍，改为笞刑和杖刑；连坐法不合理，予以废除。

汉文帝在遗诏中痛斥了厚葬的陋俗，要求丧事从简，对自己的陵墓"霸陵"，明确要求：一切都用瓦器，不许用金银铜锡为装饰，务要节省，不要给百姓增加负担。在汉文帝的诏令下，霸陵因地制宜而建，没有大兴土木，没有改变山川原有模样。

文帝以他的仁政，使社会稳定、经济繁荣，为他的接班人景帝再创辉煌打下了坚实的基础。

张释之，字季，南阳堵阳人。汉文帝时，张释之只是一个小小的常侍郎。当时，中郎将袁盎很了解他，知道他是个人才，向汉文帝极力推荐。汉文帝于是召见他，问历代兴亡之事。张释之从容不迫地谈了秦朝之所以失天下、汉朝之所以得天下的原因。文帝听完十分吃惊，被他的见识折服，拜他为谒者仆射。从此，张释之在皇帝身边参与政事。

上林苑是汉代皇帝狩猎巡游的场所，养着许多动物供皇室参观。一次，张释之陪汉文帝来到上林苑。文帝详细地询问各种动物的情况，负责上林苑的尉官答不上来。这时，饲养老虎的民夫在旁帮尉官回答上了，口齿伶俐。文帝听后说："做官吏的都应这样才行！"当即下诏封此民夫为上林令，罢免了原来的尉官。张释之走上前问文帝："陛下看绛侯周勃和东阳侯张相如为人如何？"文帝说："都是忠厚人！"张释之说："周勃和张相如二人都品德超群，为汉朝立下了大功，然则两人言政事时话都说不利索，选用人才怎么能光凭口齿利索呢？如今陛下因民夫口才好就重用，我担心此风一长，田下人都争着巧言舌辩，而不务实。"文帝一听觉得很有道理，于是收回了成命。

张释之身为廷尉，不仅制定法律，而且提倡以法治人。他执事认真，连文帝也不得不服。

有一次，汉文帝出行，过渭桥时，有一人突然从桥下跑出，惊动了御马。文帝大怒，急令卫士捕人，交张释之严惩。张释之一问，那人说："我是长安县令，远远见皇帝的御驾驶来，急忙藏到桥下。过了一会儿，以为御驾已过，就走了出来，没想到刚好碰上！"张释之调查后确认此人所言属实，就向文帝面奏："此人惊动了陛下御马，应罚金四两。"文帝听完大怒："这个人吓惊了我的御马，幸亏这匹马性情温和，若遇上其他马还不伤了我？如此重罪，怎么可以仅仅罚金四两？"张释之从容答道："法是国家定的，不是哪一个人定的，天子和百姓应共同遵行。陛下方才当场抓住这人，当场杀了，别人无话可说；既然交给廷尉处置，就要依法量刑。廷尉是国家的执法官，必须依法办事，若不如此，怎能治理好百姓呢？"文帝听后，沉思了一会说："你说得对，当廷尉应该如此。"

不久，有一个人偷盗了高庙座前的玉环，被当场抓住。汉文帝奉行孝道，一听说有人偷到他祖宗供座上了，十分生气，立刻让人把贼交付张释之严惩。张释之审完后，以盗皇室宗庙御物罪判那人死刑。汉文帝知道后很气愤："这人竟然无道德到偷先帝的神器上了。我让你审理，就是要判他灭族！你不严惩，反以常法处理，这以后还怎么让人对高庙恭敬呢？"张释之深知文帝最恨这种人，为了依法治人，他免冠顿首争辩说："法是国家的根本，所犯之法要与所判之刑相等。当今有人偷了宗庙的器物，陛下就要灭其族；若有人在皇陵上取了一抔土，陛下将如何治罪呢？按说盗皇陵土比盗宗庙器物罪还大。"文帝一听，顿时无言以对。

霍光辅政

汉武帝年老，宠姬钩弋夫人赵婕仔生有一个儿子，武帝想立这个幼子为皇位继承人，让一位大臣辅佐他。细察众臣中只有霍光能担当重任，可堪托付。于是武帝便命令宫廷画工画了一幅周公背着成王受诸侯朝见的画赐给霍光。

后元二年（前87）春天，武帝到五柞宫游玩，病情加重，霍光流泪问道："陛下如有不幸，立谁为皇位继承人呢？"武帝说："你没明白先前我赐你那幅画的意思吗？立我的小儿子，先生你要像周公那样辅佐幼主。"霍光叩头辞让说："我不如金日磾合适。"金日磾推辞道："我是外国人，没有霍光合适。"于是武帝任命霍光为大司马大将军，金日磾为车骑将军，太仆上官桀为左将军，搜粟都尉桑弘羊为御史大夫。他们都在武帝床前下拜受封，接受了遗诏辅佐少主。第二天，汉武帝去世，太子刘弗陵承袭帝位，即孝昭皇帝。

昭帝年仅八岁，国家大事都由霍光代为决断。霍光继续采取休养生息的政策，减轻税收，减少劳役，把国家大事治理得很好。

霍光与左将军上官桀系儿女亲家，霍光长女是上官桀之子上官安的妻子。上官安生有一女，年龄与昭帝相当，上官桀通过昭帝姐姐鄂邑盖长公主的关系，把孙女送入后宫做了婕妤，几个月后被立为皇后。上官安因此做了骠骑将军，封桑乐侯。每当霍光出宫休假时，上官桀就入宫代替霍光处理政事。武帝时，上官桀就已跻身九卿之列，位在霍光之上。现在上官桀父子二人同为将军，皇后是上官安的亲生女儿，霍光不过是其外祖父，反倒独揽朝政大权，上官桀由此心生嫉恨，开始与霍光争权。

　　上官桀父子、鄂邑盖长公主都把霍光看作眼中钉，他们勾结燕王刘旦，意欲设计陷害霍光。刘旦派人假冒燕王刘旦的使臣给昭帝上奏书，上言："霍光出宫总领郎官、羽林军操练时，沿途下令禁止路人通行，还派皇帝的膳食官先行为其准备饮食。"又说："从前苏武出使匈奴，被扣留了二十年而不投降，回国后仅仅做了典属国，但大将军的长史杨敞却无功而升为搜粟都尉。霍光还擅自选调增加大将军府的校尉。霍光独揽大权，为所欲为，我怀疑他图谋不轨。我刘旦愿意把信符玺印交还朝廷，进宫护卫皇上，督察奸臣反叛的行迹。"他们等霍光出宫休假时将奏书呈报给昭帝。奏章呈上后，昭帝却不肯批复下发。第二天霍光要进宫朝见，听到燕王刘旦上书告发他的消息，吓得不敢进宫。汉昭帝吩咐内侍召霍光进来。霍光一进去，就脱下帽子，伏地请罪。汉昭帝说："大将军尽管戴好帽子，我知道有人存心陷害你。"霍光磕头问道："陛下是怎么知道的？"汉昭帝说："这不是很清楚吗？大将军检阅羽林军是在长安附近，调用校尉还是最近的事，一共不到十天。燕王远在北方，怎么能知道这些事？就算知道了，马上写奏章送来也来不及。再说，大将军如果真的要叛乱，也用不着靠调几个校尉。这明明是有人想陷害大将军。燕王的奏章是假造的。"霍光和众臣听了，都佩服少年汉昭帝的聪明。

汉昭帝把脸一沉，吩咐："你们把那个送假奏章的人抓来查问。"上官桀怕昭帝追查得紧，阴谋泄露，便对汉昭帝说："这种小事情，陛下就不必再追究了。"

此后凡是有上官桀的同党进谗言诬陷霍光的，昭帝便发怒说："大将军是忠臣，是先帝托付辅佐我的人，今后谁要是再敢诽谤大将军，一律治罪。"他们又谋划让盖长公主设宴请霍光，埋伏下士兵击杀他，然后废掉昭帝，迎燕王刘旦回京做皇帝。阴谋败露后，上官桀、上官安等全部被杀。燕王刘旦、盖长公主自尽。昭帝成年以后，仍把政事委托给霍光。

汉昭帝二十一岁时得病去世，无子嗣。霍光把汉武帝之孙、昌邑王刘贺立为皇帝。刘贺原是个浪荡子，他从昌邑带来两百多个亲信，天天跟他们一起吃喝玩乐，把皇宫闹得乌烟瘴气。霍光和大臣们联名上书，请皇太后下诏废刘贺，另立汉武帝曾孙刘询为帝，即汉宣帝。

公元前68年，霍光病卒，宣帝和皇太后亲临霍光丧礼，以示尊崇。

　　韩延寿字长公，燕地人。霍光提拔韩延寿做谏大夫，调任颖川太守。颖川多豪强大户，非常难治理。此前，赵广汉做颖川太守，鉴于当地风俗喜聚朋结党，恐官吏百姓因此交结，遂鼓励告发，颖川因此告发成风，百姓多结仇。韩延寿想要改变这种风气，于是召集乡里受信任敬重的长老数十人，设宴招待，晓以施行礼仪教化之义，谕意消除仇恨之法，长老们都认为很有益处，于是共同商定嫁娶丧祭的礼仪和等级，教导百姓依制而行。

　　韩延寿崇尚礼义，好古人古事，尚推行教化，每到一地，必定聘请当地贤士，以礼相待，广泛听取建议。韩延寿还积极修建地方公立学校。每年春秋两季，都要举行"乡射"之礼，选拔人才。每遇修理城池、收取赋税，他都于事前张贴布告，并把按期集合作为一件大事，官吏和百姓都非常敬畏他。

关西孔子杨震

杨震，字伯起，华阴人。由于他勤奋好学，通晓各种儒家经典，因此被儒生们称为"关西孔子"。

杨震淡泊名利，从来不接受朝廷的征召。后来人们都认为他岁数大了，再想入朝为官恐怕很难，可谁知杨震反而有了做官的念头。邓骘知道后，就聘他为幕宾，当时杨震已经五十多岁。后来，杨震接连升任荆州刺史、东莱太守，又调任涿郡太守，升司徒、太尉。

杨震为官公正廉洁，生活俭朴，从未给自己置办任何产业。子孙在他的影响下，生活也十分简朴。有人劝他为子孙考虑，置办些产业，可杨震坚决不肯："让后世知道我的子孙是清白官吏的后代，这美誉的价值要远远超过丰厚的产业。"

杨震洁身自好，从不接受不义之财。"四知"的故事就很有代表性。

杨震不但洁身自好，而且还力图肃清官场腐败的恶习。

当时，江京因当年曾前往清河国驻京官邸迎接安帝入宫即位，所以被封为都乡侯，兼任大长秋；李闰被封为雍乡侯，二人全都被提升为中常侍。江京与黄门令刘安、中常侍樊丰、钩盾令陈达以及汉安帝的乳母王圣和王圣的女儿伯荣相互勾结，生活奢侈腐败。

汉安帝永元元年（120），杨震升任司徒后，不畏强权，仗义执言，上书抨击江京等的无耻行为，杨震还直言不讳地向安帝提出要将其奶娘王圣赶出宫外，切断伯荣和宫廷的联系，并主张治理国家应当任用贤能的人才，铲除奸恶小人。安帝将杨震的奏章交给王圣等人传看，王圣等大为恼怒，对杨震心怀怨恨。

朝阳侯刘护的堂兄与伯荣通奸，后娶她为妻。靠着这种裙带关系，他升为侍中，并继承刘护的爵位。杨震上书力驳，安帝很不高兴。

汉安帝延光二年（123），安帝任命杨震为太尉。大鸿胪耿宝受中常侍李闰之托去见杨震，向他推荐李闰之兄，被杨震一口回绝。执金吾阎显向杨震推荐自己亲近的人时也被杨震拒绝了。自此，这些人更加怨恨杨震。

安帝下诏派遣使者为王圣大修宅第，而中常侍樊丰及侍中周广、谢恽等人趁机勾结，祸乱朝廷。杨震深感忧虑，多次向安帝上书劝谏，安帝均不听。

樊丰、周广、谢恽等人见杨震接连进谏均未被采纳，更加无所顾忌，甚至私自伪造诏书，从大司农那里征调了不计其数的钱粮、木材，为自己修建豪宅。杨震再次上书劝谏安帝将这些骄傲奢侈之臣治罪，但依然没有被采纳。

此时，河间男子赵腾上书分析批评朝廷得失，安帝发怒，将赵腾逮捕，扣上欺君之罪，判处极刑。杨震上书营救赵腾，安帝不准。

等到安帝外出巡视时，樊丰等人竞相大修宅第。太尉部掾高舒把大匠令史叫过来，经过询问核查，得到了樊丰等人伪造的诏书。杨震将樊丰等人的全部罪行详细地写在奏书上，准备等安帝回京后呈上，樊丰等人大为惶恐。

为求自保，樊丰等人待安帝一回到京城洛阳，便一同诋毁杨震，说他是邓氏家族的旧人，而且跟赵腾是一伙儿的，对朝廷有怨恨之心。

安帝听后非常气愤，二话不说，立即派人收回杨震的太尉印信。樊丰等人仍不罢休，又指使大鸿胪耿宝上奏称杨震不服罪且心怀怨恨。安帝于是下令将杨震遣送回原郡。

杨震慷慨悲壮地对他的儿子、学生们说："死，本来就是正直臣子的平常遭遇。我蒙受皇恩、身居高位却既不能惩罚狡诈的奸臣，又不能禁止淫妇作乱，还有什么面目活在世上！我死以后，你们千万不要祭祀我，也不要将我归葬祖坟！你们只要拿口薄棺，用单被包裹，够盖住我身体就可以了。"于是服毒自杀。

樊丰等人仍不解恨，又派地方官吏在陕县截留杨震的丧车，使棺木暴露在大路旁，并责罚杨震的儿子们为驿站传递文书。一代忠臣竟遭到这样的下场，令人痛惜。

　　范滂，字孟博，东汉汝南征羌人，从小就严格要求自己，廉洁自守，品质高尚，为乡人所佩服，连续被举荐为孝廉、光禄。在他任冀州清理地方官时，正赶上冀州年成不好，盗贼群起，他于是立下扬善惩恶、澄清天下的志向。

　　范滂到冀州不久，皇帝下诏检举奸邪，范滂上奏检举刺史、二千石级的豪门党徒二十多人。尚书责怪他检举的人数太多，怀疑他有公报私仇的嫌疑，负责的官吏也并不认真对待范滂的检举。范滂于是借故离开。

　　太守宋资早就听说了范滂的为人，请范滂担任功曹，办理政事。范滂到任后，举贤除恶，不遗余力。范滂有个外甥叫李颂，托人找到了宋资，宋资准他为吏。范滂知道李颂非正当人，就压下批示。宋资迁怒到书佐朱零身上，说他耽误了公事，加以责打。朱零说："这是范滂的高明裁决，他说我能办事。今天我宁可被打死，也不能违背范滂的吩咐。"宋资只好不用李颂。

　　由于范滂为人正直，惩恶扬善，得罪了一些人，被诬陷入狱。狱吏让他像其他犯人一样，祭祀皋陶（送礼）。他说："皋陶是古代贤明正直的人，知道我无罪，会替我申辩的；如果我真有罪，祭祀他又有什么用呢？"于是其他犯人也向他学，不再向狱吏送礼。在狱期间，他自比伯夷、叔齐，合理申辩，绝不向权贵低头，最后终于获释。

郭嘉，字奉孝，东汉末颍川阳翟人。原为袁绍部下，后转投曹操，为曹操统一中国北方立下了功勋。

郭嘉二十一岁的时候，在朋友辛评、郭图等人的鼓动下，投奔到袁绍帐下。袁绍当时被称为"天下英雄"，他对郭嘉等人极为敬重，厚礼待之。但郭嘉看出袁绍不懂得用人之道，非成大事之人，于是毅然离去。郭嘉是在袁绍最风光的时候离开他的，这非但要有极大的勇气，更要有超常的眼光。离开袁绍后，郭嘉赋闲六年。

建安元年（196），曹操颇为器重的谋士戏志才去世。伤心之余，曹操写信给荀彧，让他推荐一位可以接替戏志才的谋士。于是，荀彧就荐举了好友郭嘉。曹操召见了郭嘉，共论天下大事，相见恨晚。

建安五年（200），曹操为了免于将来同袁绍作战时前后受敌，决定先消灭在徐州立足未稳的刘备。当时诸将皆怕袁绍乘机来攻许都，到时候前进无法作战、撤退失去了据点。曹操也感到疑虑，于是询问郭嘉的意见。郭嘉分析道："袁绍向来优柔寡断，不会迅速作出反应。刘备人心未归，立足未稳，迅速进攻，他必败无疑。然后再回师对付袁绍，这是改变腹背受敌的最好机会，决不能失去。"于是，曹操举师东征，大破刘备，俘虏了刘备的妻子，生擒关羽，进而又击破了和刘备联合的东海贼寇。情况正如郭嘉所料，袁绍还没有作出反应，刘备就已被击败。

建安七年（202），官渡之战中大败而归的袁绍病逝，曹操进攻他的两个儿子，连战连捷。曹军诸将都想乘胜攻破二袁，可此时，先前力主北进的郭嘉却力排众议，独进奇策，建议退兵。他为曹操分析了袁氏两兄弟之间的矛盾，说："袁谭、袁尚素来互不相服，又有郭图、逢纪这样的谋臣在当中掺和，二人必然反目。不如先南征刘表，静待其变，待乱而后击之，一举可定也。"

郭嘉建议曹操装作向南攻击刘表之势，以待其变，果然，曹军刚回到许昌，袁军生变的消息就已传来。曹操乘机回军北上，将袁谭、袁尚各个击破，二袁一死一逃。因为郭嘉的妙计，这一仗赢得既轻松又顺利。郭嘉因此被封为洧阳亭侯。

袁尚、袁熙逃入乌桓。曹军诸将都说："袁尚已如丧家之犬，关外胡人不会支援他们的。如果再远征，刘备必然会挑拨刘表袭击许昌，万一有什么变数怎么办？"此时的刘备经过数年的休养生息，在荆州刘表的身边又积聚了相当的实力。以曹操对刘备的了解，他有理由担心自己孤军远征之际，刘备会在背后发难。

这时，郭嘉又提出不同于他人的见解："明公尽管放心地去远征，留下一个空空荡荡的许都也无妨，我料定刘备无法给您添麻烦。不是刘备不想添，而是有人会替您阻止他，此人就是刘表。"在众人一片哗然声中，郭嘉又详细地分析道："胡人自恃偏远，现在必然没有防备，突然发动攻击，一定能够将他们消灭。袁绍对胡人有恩，如果袁尚还活着，他们一定帮忙，这始终是隐患。现在袁家的影响还很大，这个时候南征，如果胡人有行动，我们的后方就不安稳了。但刘表是个只知坐谈的政客，他自知能力不足以驾驭刘备，所以必然会对刘备有所防备。现在我们虽然是虚国远征，但效果却是一劳永逸，从此再无后患了。"

曹操听罢茅塞顿开，立刻进兵柳城。曹操军到易城，郭嘉觉得推进的速度太慢，又进言道："兵贵神速。现在潜力远征，辎重太多，行进缓慢，被对方有所觉察，必然要做防备。不如留下辎重，轻兵速进，攻其不备。"曹操在设置了一些撤军假象之后，暗中率领一支轻装精兵，在向导田畴的带领下突然出现在乌桓背后。乌桓首领蹋顿和袁尚、袁熙率军仓促应战。这一役，蹋顿被斩，曹军俘虏了二十余万人。走投无路的袁尚、袁熙投奔了辽东的公孙康。这一战成为中国战争史上"兵贵神速、奇兵制胜"的经典战例。

这次行军路况极端恶劣，沿途有长达二百里的地段干旱无水。当粮食吃光以后，曹军将士不得不先后杀了几千匹战马充饥，才艰难抵达目的地。同年秋天，辽东太守公孙康带着袁尚的首级前来投降。曹操根据郭嘉的计策终于彻底平定北方，统一了整个黄河流域以北地区。

出师未捷身先死

　　诸葛亮五出祁山，没有成功，于是屯兵汉中，把蜀兵训练得人强马壮，粮食积聚得十分充足。如此三年，他奏请刘禅，准许他六出祁山，再伐曹魏。刘禅觉得鼎立的局面已成，吴、魏都不来侵犯，乐得坐享太平。诸葛亮道："老臣受先帝知遇之恩，就是睡梦之中，也在想伐魏大事。"刘禅见诸葛亮坚持要出兵，只得准了。诸葛亮总结了几次北伐失败的教训，有一条就是蜀道难行，粮草供应跟不上。

　　公元 234 年，诸葛亮做了充分准备，出兵三十多万攻魏。蜀军到了渭水南岸的五丈原后，诸葛亮一方面构筑营垒，一方面屯田耕作，以作长期对峙的打算。与此同时，东吴孙权被诸葛亮派去的使者说动，也分兵三路对魏发起了猛烈进攻。

　　那时，魏文帝曹丕已故，继位的魏明帝曹叡亲自带兵与东吴交战。魏主曹叡听说蜀兵三十多万分五路前来，十分惊慌，急忙召司马懿商议。司马懿奏道："三年来，我国力量增强，诸葛亮前来，不过是自取灭亡，臣愿意领兵前去破敌。"曹叡派司马懿在五丈原防守蜀军，并对司马懿交代了四个字："只守不战。"司马懿拨了五万名军士在渭水上搭起九座浮桥，令夏侯霸、夏侯威带了先锋部队到渭水南岸安营，又在大寨后面筑起一座土城，以防不测。司马懿只管牢牢守住营垒，任凭蜀军怎样挑战，就是不出来应战。

面对蜀军一次次的挑战和嘲弄，虽然司马懿很能沉得住气，但魏军上下却耐不住了，纷纷要求和蜀军拼个你死我活。司马懿便对部下说："你们不要性急，我立刻上奏皇上，请求批准我们跟蜀军决战。"奏章上去后，等了一段日子，得到的命令仍是不许出战！

诸葛亮由于操劳过度，身体垮了。这天，诸葛亮抱病在帐中理事，

忽然费祎从成都赶来，进帐便叫："启禀丞相，与东吴共取中原的计划落空了！"诸葛亮大惊，忙问详情。费祎道："孙权在巢湖中了魏兵的计，被烧了战船粮草。陆逊想和孙权前后夹攻，差人通知孙权，不想使臣又被魏兵捉去，泄露了机密，再加天气炎热，吴兵生病的很多，所以孙权退兵了。"诸葛亮听完，不禁暗暗焦急，心想："曹魏没有了东顾之忧，可以全力来阻挡我北伐了。"他长叹一声，昏倒了过去。众将急忙将他救醒，诸葛亮道："我旧病复发，恐怕活不久了！"说完，吐了几

口鲜血。消息传到后主刘禅那里，他连忙派大臣李福到五丈原来慰问。诸葛亮对李福说："请你告诉皇上，将来可由蒋琬接替我。"

几天后，诸葛亮在五丈原的军营中去世，年仅五十四岁。

按照诸葛亮生前的安排，蜀军没有透露他逝世的消息，把他的尸体裹起来放在车里，有条不紊地开始撤退。但诸葛亮去世的风声还是走漏了，司马懿知道后，马上率领魏军追了上来。赶过五丈原后，蜀军突然向后转，后队改为前队，直向魏军杀来。司马懿大吃一惊，赶紧下令撤退。蜀军没什么伤亡，安全撤离了五丈原。

诸葛亮的遗体安葬于定军山。他想统一全国的愿望虽然没有实现，但他的智慧和"鞠躬尽瘁，死而后已"的品格，却永远被后人传颂。

陈寿是中国晋代杰出的史学家。一天，他在书房里写《三国志》，刚写下"诸葛亮传"几个字时，表叔看他来了。在和表叔的谈话中，陈寿知道了一段史实：陈寿的父亲原是诸葛亮手下的一名将领。一次因处事不当，被诸葛亮以军法处置。陈寿父亲受处分以后，精神受到打击，从此萎靡不振，郁郁寡欢，最后忧郁而死。

表叔劝陈寿："如果你父亲在世，他不会让你写诸葛亮传的。"陈寿说："表叔，诸葛亮忠心耿耿，一心扶助蜀主。他严于律己，失街亭斩马谡后，自己要求降三级。他足智多谋，一生中指挥战斗百战百胜，是个了不起的人物……"

表叔听了陈寿的话后，也觉得有道理，但又不肯承认，只好托故走了。

第二天，陈寿的同窗好友来看他。陈寿把自己想写诸葛亮的心情以及表叔的话，详细地告诉了他，想听听朋友的看法。朋友含蓄地说："你是一个历史学家，是在写历史，而不是写家史。汉朝司马迁写《史记》时，他尊重史实，公正地评判历史事件和人物，不夸张，也不偏失。所以，人们把《史记》看成是一部光辉的历史名著。"朋友的一席话打开了陈寿的心扉，他拿起笔，一气呵成地写完了《诸葛亮传》。后人有评价认为《诸葛亮传》是《三国志》中最好的文章。

　　孙盛，字安国，东晋太原中都人，官至秘书监，加给事中。

　　公元 369 年，东晋大司马桓温率兵北伐，大败而归。由于他为明帝之婿，独揽朝中大权，满朝文武没人敢提及此事。

　　秘书监孙盛不畏强权，将桓温北伐兵败之事，如实记载入他正在撰写的史书《晋阳秋》中。

　　桓温得知此事后大怒，立即召来孙盛的长子，说："北伐失利，不想隐瞒。但你父舞文弄墨，歪曲史实，丑化我。若不想株连九族，必须修改！"孙盛的长子只得连连叩头称是。他战战兢兢地走回家，把刚才发生的事如实禀报了父亲。

　　孙盛拍案而起："他桓温好大喜功，酿成北伐兵败，罪不容诛，还有何颜面叫我改书史实！桓温专横跋扈，我孙盛何惧！身为朝廷秘书监，若不忠诚记史，有何颜面对后人！史实绝不能改！"

　　儿孙们顿时跪了一地，恳请孙盛挽救九族的性命。孙盛道："为官不怕死，福祸同承担。头可断，血可流，气节不能丢！"说完拂袖而去。

孙盛的长子为保全九族数百口人的性命，溜入书房，偷偷进行了修改，然后呈给桓温。桓温看过，方才罢休。

哪知，孙盛深知桓温为人狡诈，早有防备。在写《晋阳秋》时，誊录了一份，已送往外地，并夹信于书稿中："此为《晋阳秋》之真稿，付印必以此为准。谨记。孙盛。"

现在我们所见到的《晋阳秋》，就是孙盛传往外地的那个版本。孙盛冒着被诛灭九族的危险忠诚写史，为后人所称颂，他不畏强暴、实事求是的精神，是中华民族精神的写照。

高允，字伯恭，渤海郡人。

北魏太武帝很注重吸收人才，重用了一大批汉族的士人。在这些人才的辅佐下，北魏先后吞并了后燕、夏、北燕、北凉等，终于统一了中国北方，形成了与南朝对峙的局面。太武帝想修国史，以宣扬祖宗的功绩。

负责主修国史的是当时的元老崔浩，曾为北魏统一北方立下汗马功劳。他学识渊博，但为人固执任性，因此得罪过很多鲜卑贵族。接受了修史任务后，他便找来了当时任著作郎并为太子老师的高允，希望他能协助修史，高允答应了。

从此他们经常在一起讨论编史的体例，重大历史事件、人物的写法。高允态度严肃认真，深得崔浩信任。修国史之事受到鲜卑贵族们的极大关注，他们害怕国史中有对他们祖上不敬或不利的记载，希望通过修史能够美化他们的部族。崔浩是个倔骨头，对他威逼利诱都是白搭，他们便把目标对准了高允，高府一时成为贵族们最常光顾的地方。他们用高官厚禄诱惑高允，有的甚至托太子帮忙，但都遭到高允的严词拒绝。高允回答他们的只有一句话："我会照着历史原貌去写的。"贵族们万万没想到，一向温文尔雅的高允竟敢对他们说不，自此对高允怀恨在心。

几年后，国史修好了。因为里边如实记载了北魏开国前的社会面貌，如有些制度、风俗很落后，很野蛮，还记载了很多贵族包括皇室不光彩的事情，所以国史受到了贵族们的强烈攻击。魏太武帝也很是不满，但由于是他让崔浩如实去写的，不好发作。

此时，倔犟的崔浩把国史刻上了石碑，竖立在祭天坛前的大路旁，供人参观。这下祸可惹大了，贵族们认为报复的机会来了，纷纷上书弹劾。魏太武帝闻知大怒，他命令把写国史的人统统抓起来查办。

高允是主要撰写人，自然在被查办的行列，这可急坏了太子。太子拓跋晃找到高允，对他说："皇上要查办写史的人，明天我陪你去见皇上，如果皇上问你，你就照我的意思回答，别的什么也别说。"

高允不知道是怎么回事，第二天就跟着太子一起上朝。太子先上殿见了太武帝，说："高允向来小心谨慎，国史的撰写全是崔浩指使，与他无太大关系，请陛下免了他的罪吧。"太武帝召高允进去，问他说："国史都是崔浩写的吗？"高允回答："不，崔浩只是负责大的纲要，具体内容是我和别的著作郎写的。"太武帝转过头无奈地看看太子，太子急忙说："高允见了陛下，心里害怕，就讲不清楚了。我刚刚问他，他还说是崔浩干的。"太武帝又问高允："是这样吗？"高允说："我犯了罪，怎么还敢欺骗陛下。太子这样说，无非是想救我的命。"太武帝为高允的忠厚坦率而感动，对太子说："高允死到临头还不说假话，仍敢说真话，这很难得。我赦免他的罪就是了。"

魏太武帝下令把崔浩满门抄斩，要高允起草一道诏书，高允却进谏说："我不知道崔浩犯了什么罪。如果仅仅是为了写国史触犯朝廷，也不该判死罪。"崔浩没有能逃过噩运，被满门抄斩，但是由于高允的直谏，没有株连更多的人。

　　赵绰，隋河东郡人，任大理正，以执法不阿而名世。大理寺是隋代司法机关，而大理正就是大理寺的长官。

　　有一次，隋文帝想加重惩处盗贼的刑罚，时任刑部侍郎的赵绰马上进谏道："陛下实行的是尧舜之道，执政、为人都非常宽容，没有必要对盗贼的惩处特别严厉；何况量刑的依据是法律，这是取信于民的重要方面，怎么能随便更改呢？"隋文帝很高兴地接受了赵绰的意见，认为他执法讲原则，便把他提拔为大理寺少卿。

　　当时和赵绰一起在刑部共事的还有个侍郎名叫辛亶，此人比较迷信，喜欢穿红色衬裤，以为这样可以保证官运亨通。有人向隋文帝告发，隋文帝就令赵绰把辛亶处死。赵绰对隋文帝说："辛亶犯的不是死罪，所以我不能接受陛下的命令。"隋文帝气呼呼地说："你想救辛亶的命，就不顾自己的性命了吗？"说着，立即喝令侍从把赵绰一起拉下殿去砍头。赵绰面不改色，对隋文帝说："陛下可以杀了我，但不该杀辛亶。"说完这话，赵绰自己走下朝堂，脱了衣服准备就戮。

　　隋文帝想想杀赵绰也实在没道理，就派人问赵绰："你对自己刚才说的话有没有后悔？"赵绰虽然跪在地上，但腰板却挺得笔直，斩钉截铁地说："我一心一意要公正地执法，不敢贪生怕死。"

隋文帝其实并不想杀赵绰，过了一会儿，气也就消了。他想，赵绰能坚持法律原则，毕竟有利于自己的统治，就把他释放了。第二天，隋文帝还派人去慰问赵绰，赐给他三百匹绸缎。

由于赵绰敢于进谏，隋文帝认为他忠心耿耿，对他十分信任，经常把他召入内廷，评论政事得失。

在大理官署里，有一个官员名叫来旷，听说隋文帝对赵绰不满意，想迎合隋文帝，就背着赵绰给隋文帝上了一道奏章，认为大理衙门执法太宽。隋文帝看了奏章，认为来旷说得很中肯，就提升了他的官职。来旷自以为受到皇帝的赏识，就昧着良心诬告赵绰徇私舞弊，把不该赦免的犯人放了。隋文帝虽然嫌赵绰办事不顺他的心，但是对来旷的上告，却有点怀疑。他派亲信官员去调查，根本没有这回事。隋文帝弄清真相后，勃然大怒，立刻下令把来旷处死。

隋文帝把这个案子交给赵绰办，认为这一回来旷诬告的是赵绰自己，赵绰不会不同意。哪知道赵绰还是说："来旷有罪，但罪不致判斩。"隋文帝很不高兴，袖子一甩，就退朝往内廷去了。赵绰在后面大声嚷道："来旷的事臣就不说了，臣还有别的要紧事，请求面奏。"隋文帝信以为真，就答应让赵绰进内廷。

隋文帝问赵绰有什么事，赵绰说："我有三条大罪，请陛下发落。第一，臣身为大理少卿，没有把下面的官吏管好，使来旷触犯刑律；第二，来旷不该处死，臣不能据理力争；第三，臣请求进宫，本来没有什么事，只是因为心里着急，才欺骗了陛下。"

隋文帝听到最后几句话，禁不住哑然失笑。独孤皇后听说后，也很赏识赵绰的正直，命令左右赐给赵绰两杯酒。隋文帝最终同意赦免来旷死罪，改判革职流放。

唐高祖武德九年（626），李世民通过玄武门之变夺取帝位。唐太宗的叔父李神通虽未参加玄武门之变的策划，但他素来与李世民关系友善，事发之前曾与李世民夜饮，并护送李世民返回府邸。

九月，唐太宗李世民与群臣当面议定开国元勋长孙无忌等人的爵位食邑，命陈叔达在宫殿下唱名公布。唐太宗道："我分等级排列你们的功劳赏赐，如有不当之处，可以各自申明。"于是各位将领纷纷争功，议论不休。李神通说："我在关西起兵，首先响应义旗；房玄龄、杜如晦等人只是捉刀弄笔，功劳却在我之上，我难以心服。"唐太宗说："房玄龄等人运筹帷幄、决胜千里，使大唐江山得以安定，论功行赏，功劳自然在叔父之上。叔父您是皇族至亲，朕对您确实毫不吝惜，但不可循私情滥与有功之臣同等封赏。"

大臣房玄龄说："秦王府里都是皇上的老部下，那些没升官的，不免有些怨言。"唐太宗说："设立官职，为的是选拔有才能的人，替百姓办事，不能以新旧分先后。新人有才干的，就要升官；旧人没有才干的，当然不能提拔。"长孙无忌是唐太宗年轻时候的好朋友，又是他的大舅子，有才干又有大功，唐太宗就任命他做了宰相。长孙皇后知道了，怕别人说闲话，对唐太宗说："我做了皇后，已经够出风头的了，你就别让我哥哥当那么大的官，免得……"唐太宗打断长孙皇后说："不，我任用你哥哥，是因为他有宰相的才干，不是因为他是我的亲戚。"

有个叫元律师的官员犯了法，唐太宗一气之下，决定处死他。大臣孙伏伽不同意，反对说："元律师固然有罪，可按照法律不能定为死罪。您的处罚太重，应当改一改。"唐太宗想了一下，说："你说得对，我差点就错杀了人啊！"他立刻改变了原来的决定，还下令把一座花园赏给孙伏伽。可又有一个大臣不同意了，说："那座花园值一百万钱，这种赏赐太重了吧？"唐太宗摇摇头说："孙伏伽敢直接指出我的过错，我就要重重地赏他，好让大家都能像他这样直言规劝我！"

有一年，益州的地方官上了一个奏折，说当地的僚人起来叛乱抢掠，请求中央发兵镇压。唐太宗看了奏折，立刻给益州的地方官下了一道命

令，说："僚人祖祖辈辈居住在深山里，吃的穿的都很差，有时候出来抢些东西，已经成了习惯了，这不能算叛乱。地方官只要公平对待他们，就能把事情平息下来，不出大乱子。万万不可动枪动刀，发兵去伤害他们。他们也是我的百姓啊！"

唐太宗问几个大臣："我才能比不上古人，可成就并不比古人

小，你们说这是怎么回事？你们大胆地说，说错了也不要紧。"于是，大臣们说开了，有的说是唐太宗威望高，有的说是唐太宗本事大，说了半天，都是说唐太宗的好话。唐太宗听了，很不以为然，说："你们说得不对。我成功的原因有五条。第一，过去的皇帝常常妒忌有才能的人，我却是见了谁有才能就高兴，好像就是我自己的才能似的。第二，我用人主要看重他的长处，不要求一个人样样都行。第三，我不像有的皇帝那样，对有功者爱，对犯错者厌。我既尊重有功的人，也原谅犯错的人。第四，我乐闻直谏，对说直话的人一向是奖励的。第五，我没有种族之见。"

姚崇不徇私情

　　唐中宗时期，贵戚竞相营建佛寺，滥度僧尼。很多富户强丁也乘机削发为僧，以逃避徭役。姚崇执政后，进言道："佛图澄、鸠摩罗什号称高僧，也不能挽救后赵、后秦的灭亡。齐世宗、梁武帝崇信佛教，亦未能免除灾殃。陛下只要能使百姓安居乐业，就是佛身，无须剃度奸诈之徒，让他们败坏佛法！"唐玄宗采纳了他的建议，命官员筛选淘汰全国僧尼，因弄虚作假被勒令还俗的多达一万二千余人。

　　唐玄宗将要巡幸洛阳时，太庙突然崩坏。宋璟进谏道："陛下三年服丧未满，不可离京出巡。发生灾变，是上天的警告，陛下应停止东行。"唐玄宗又询问当时已经罢相的姚崇，姚崇道："太庙原是前秦时期修建的宫殿，隋文帝改为太庙，又被大唐袭用，已有近千年。高山若有朽坏也会崩塌，何况木料？这次太庙崩坏只是凑巧与陛下东行碰到一起，不是因为您要东行才崩塌的。陛下因关中歉收，粮运劳民，才东幸洛阳，这是为了百姓。东都百官都已做好迎驾准备，陛下停止东行，岂非失信于天下？依臣之见，陛下应继续东行。至于太庙，让人修理就是。"唐玄宗听了非常高兴。

唐朝开元年间，吏部尚书魏知古要去洛阳一带考察官员政绩。宰相姚崇有两个儿子在那儿当官，离京前，魏知古特地到姚府辞行，不料姚崇对他十分冷淡。魏知古是姚崇一手提拔起来的，他到洛阳之后，私下接见了姚崇的两个儿子，姚崇之子请求他在皇上面前为自己美言。

玄宗皇帝接到魏知古的奏折，见他极力赞扬姚崇的儿子，便宣姚崇进殿，对他说："你的两个儿子很有才干，政绩不错，我有意提升他俩。"姚崇说："我这两个儿子才识平平，又不善理政，不堪提拔。"唐玄宗见姚崇能秉公处事，十分高兴："魏知古徇私妨碍公事，辜负了你对他的教导，我也不能原谅他，看来只有罢了他的官以正朝纲。"姚崇复奏道："我教子不严，理该受罚。如果陛下因此事贬谪魏知古，那人们就会说他是当了我的替罪羊。"唐玄宗听后十分赞许，遂令魏知古改任工部尚书。

姚崇曾问紫微舍人齐浣："我为宰相，可以和什么人相比？能比得上管仲、晏婴吗？"齐浣道："管仲、晏婴所行政策虽不能传诸后世，但在他们执政时期却能一直保持。您所制定的法度随时更改，从这一点来看，您似乎比不上他们。"姚崇又问："那我是个怎么样的宰相？"齐浣道："您是个救时之相。"意思是说姚崇只是拯救时弊的宰相。姚崇大喜，拍腿而言道："救时之相，也是不容易做到的。"

武则天曾与侍臣谈论起周兴、来俊臣主持刑狱，朝臣反逆案件颇多一事，怀疑其中是否有冤狱。姚崇进言道："垂拱以来，因谋反罪被处死的人，大多是由于周兴等罗织罪名，以求取功劳造成的。陛下派亲近大臣去查问，这些大臣自保有虞，哪里还敢动摇他们的结论！被问之人如果翻供，又惧怕惨遭毒刑，宁可早死。如今酷吏诛除，我以一家百口人的性命向陛下担保，今后朝廷内外大臣不会再有谋反之人。若是稍有谋反之实，我愿承受知而不告的罪责。"武则天大悦："以前的宰相都顺从周兴等人，使酷吏得逞，让朕成为滥用刑罚的君主。你说的话，很合我的心意。"于是赏赐姚崇白银千两。

狄仁杰，字怀英，并州太原人。狄仁杰早年考中明经科，历任汴州判佐、并州都督府法曹、大理丞、侍御史、度支郎中、宁州刺史、冬官侍郎、文昌右丞、豫州刺史、复州刺史、洛州司马，以不畏权贵著称。

仪凤元年（676），左威卫大将军权善才、右监门中郎将范怀义误砍昭陵柏树，唐高宗要处死他们，狄仁杰认为他们罪不至死，向唐高宗争辩道："陛下的法律悬挂在宫外阙门上，法律规定本来就是有差别等次的，罪不至于死而让他们去死，于法不合。因误砍一株柏树就杀掉两位大臣，后世之人将如何评论陛下？"高宗于是免去了二人的死罪。几日后，狄仁杰被授侍御史。

越王李贞在豫州起兵反抗武则天失败，六七百人受到株连，五千余人没入官籍。司刑使逼狄仁杰行刑，狄仁杰认为判决有误，请求延缓行刑，然后秘奏武则天道："我本想正大光明地上奏，但似乎有为谋逆的人说情之嫌；但是如果我明白什么是对的又不说的话，恐怕违背了陛下您怜悯天下百姓之心。这些人做出谋逆之事并非他们自愿，希望您怜悯他们的不得已。"武则天下旨赦免了受株连者的死罪，改为发配到丰州。

武则天有一次召见狄仁杰，对他说："你在豫州时，名声很好。不过，也有人在我面前说你的坏话，你想知道他们的名字吗？"狄仁杰回答："陛下如果认为那些确是我的差错，我应该努力改正；如果陛下认为那些并不是我的过错，这是我的幸运。至于是谁在背后说我的不是，我不想知道。浊者自浊，清者自清。"武则天非常赞赏狄仁杰这种宽容的态度。

有一次，武则天要狄仁杰推荐一个优秀人才。狄仁杰问："不知陛下要用在哪一方面？"武则天说："我想任命他为将相。"狄仁杰说："若论才华，苏味道、李峤就很不错。但如果一定要物色一位特别优秀的人才，那就要算荆州长史张柬之了。这个人年纪虽然大一些，但才能出众，是当宰相的最好人选。"武则天很快就提升张柬之担任了洛州司马。

过了几天，武则天召见狄仁杰，又说起推荐人才的事。狄仁杰说："上次我推荐的张柬之陛下还没任用呢。"武则天说："我不是已经提拔他当洛州司马了吗？"狄仁杰回答说："我向陛下推荐的张柬之是担任宰相的人选，并不是让他当司马的。"于是武则天把张柬之提拔为刑部侍郎。张柬之不负众望，政绩出色，后来果然被任命为宰相。像张柬之这样的人才，狄仁杰陆陆续续推荐了数十人，其中如桓彦范、敬晖等人，后来大多成为唐室中兴的名臣。因此有人对狄仁杰说："天下桃李，都出在狄公门下了。"

圣历元年（698），武则天欲立梁王武三思为皇太子，询问宰相们的意见。狄仁杰道："我看天下人都还思念唐朝，若立太子，非庐陵王不可。"武则天大怒。后来，武则天对狄仁杰道："我梦见下了好几盘双陆都没有赢，这是什么原因？"狄仁杰回答道："双陆不胜，是因为无子，这是天意在警示陛下。太子是天下根本，根本一动，天下就危险了。姑侄与母子谁更亲？您立庐陵王，那您千秋万岁后可以配享宗庙。若立武三思，从没听说有将姑姑配享宗庙的。"武则天醒悟，当天便派人到房州迎接庐陵王李显。

不久，李显到达洛阳。武则天把李显藏在帐后，然后召见狄仁杰。说起庐陵王之事，狄仁杰恳请意切，哭泣不止。武则天让李显出来，对狄仁杰道："把皇太子还给你。"狄仁杰跪拜叩头，道："太子回来了，还没人知道，议论纷纷，怎么才能让人相信呢？"武则天便让李显住在龙门，按礼节迎接回宫，满朝文武、天下百姓都十分高兴。

武则天对狄仁杰非常敬重，常尊称他为国老，从不直呼其名，对他的退休请求不予批准，还不让他行跪拜之礼，道："每当看到您跪拜的时候，朕的身体都会感到痛楚。"武则天还免除了狄仁杰晚上在宫中值班之责，并告诫官员："如果没有十分重要的军国大事，就不要去打扰狄公了。"

久视元年（700）九月，狄仁杰病逝，终年七十一岁。武则天闻听后，哭道："朝堂空了。"追赠狄仁杰文昌右相，谥号文惠，并废朝三日。此后，每当有朝廷大事不能决断时，武则天都叹道："老天为什么这么早夺走我的国老！"

神龙元年（705），李显复位，是为唐中宗，追赠狄仁杰为司空。唐睿宗继位后，又追封狄仁杰为梁国公。

为政清严的李朝隐

　　李朝隐自武则天当政时入仕至开元年间而终，扶持了唐朝几代皇帝，历任侍御史、长安令、同州刺史、大理卿、吏部侍郎等，为政清严。

　　武则天神龙年间，功臣敬晖、桓彦范等人被武三思诬告，侍御史郑领受武则天的旨意请求判处他们死刑。在事关生死的关键时刻，李朝隐挺身直言，认为不经审理查实，不宜轻易用法。他因此冒犯了武则天，将被贬官流放。宰相韦巨源等人为他求情，他们进谏说朝隐素清正，一旦远逐，恐骇天下，李朝隐才得以免逐。

　　后来，李朝隐做了侍御史。当时，宦官当政，未经正式程序非法任命了许多官员。李朝隐不怕打击报复，弹劾罢免了一千四百多名官吏。不久，李朝隐改任长安令。当时，有个叫闫兴贵的宦官来找他走后门，李朝隐铁面无私，把这个宦官轰了出去。唐睿宗知道这件事后，非常高兴，赞扬道："你作为主政京城的官员能够做到这样，我还有什么可忧愁的呢？"还有一次，安成公主的家奴侵夺了百姓的田地，李朝隐严格执法，拘捕了公主的家奴并给予杖刑。从此，权贵豪强再也不敢胡作非为了。

开元二年（714），李朝隐任吏部侍郎。他主持人事工作公正平允，得到了官吏和百姓的高度称赞，唐玄宗下诏给予褒扬和奖赏。后来，李朝隐改任河南尹，严惩了横行乡里的恶霸。当时，太子舅舅的家奴恃势侵害百姓，李朝隐给予了严厉处罚，他说："此而不绳，何以为政？"唐玄宗知道后下旨对他慰问嘉勉。

开元十年（722），李朝隐任大理卿，当时的武强县令裴景仙因犯罪出逃。唐玄宗大怒，命当众杀之。李朝隐据理力争，认为依法裴景仙罪不当死。唐玄宗不听，李朝隐又上奏说："生杀之柄，人主专之；条别轻重，有司当守。"他坚决主张依法量刑。最终，唐玄宗采纳了李朝隐的正确意见，改判裴景仙杖打一百，而后流放。

韩休为相

韩休在唐玄宗时期高居丞相之位，是一位刚正不阿、不追求名利的名相。

虢州位于西都长安与东都洛阳之间，皇帝时常移驾经过，供应舆驾的粮草赋税极重。韩休担任虢州刺史后，上奏朝廷，请求平均分摊赋粮于其他州郡。中书令张说将他的奏表驳回，道："如果独免虢州，就要移给其他州，你这是在谋取私惠。"韩休再次上表请求。僚吏劝道："您这是违逆宰相之意。"韩休答道："作为刺史不能救百姓之难，何以治政！若因此得罪，我也心甘情愿。"最终，朝廷同意了韩休的请求。

韩休担任宰相后，所做所为很得民心。起初，萧嵩认为韩休性情淡泊，容易控制，所以就把他引荐给唐玄宗。共事的时候，韩休持守正道，不阿谀奉承，萧嵩就逐渐厌恶起他来。唐玄宗有时在宫中宴饮寻乐或在苑中打猎游玩，偶尔玩得过度，就问左右："韩休知不知道？"话刚说完，劝谏的文书就递上来了。唐玄宗常常对着镜子默不做声，左右的人说："韩休担任宰相以后，陛下清瘦多了，为什么不罢免他？"唐玄宗叹息说："我的容貌虽然清瘦，但是天下一定丰饶了许多。萧嵩禀报事情常常顺从旨意，但他退下以后，我却无法安睡。韩休经常据理力争，但他告退以后，我睡得却很安稳。我任用韩休是为了国家，不是为我自己啊。"

韩休拜相后，万年县尉李美玉获罪，唐玄宗特命将其流放岭南。韩休谏道："李美玉只是一个小官，所犯的也不是大罪。如今朝廷有大奸，尚且未被惩处，怎能流放这么一个小官？金吾大将军程伯献依恃恩宠，贪图财利，住宅车马，多有僭越。臣请先惩处程伯献，再治李美玉之罪。"唐玄宗不同意。韩休坚持道："李美玉这样的小官都不能容，那么像程伯献这样的巨猾怎能不问！陛下如不惩处程伯献，臣便不会流放李美玉。"唐玄宗认为韩休恳切率直，便同意了他的请求。

许孟容抑豪强

许孟容，字公范，京兆长安人，被选拔为进士优等，又考中了明经科，调任校书郎，迁给事中。

京兆尹上奏好畤县风雹伤害了庄稼，皇上派太监去审察，不符合实情，遂削夺了京兆尹以下官员的俸禄。孟容谏道："府县上奏的事不符合实情，罪应罚。然而皇上派太监去审察，扰乱了法治。应该另外选择一名御史去验证才可以。"皇上不听。

浙东观察使裴肃派判官齐总横征暴敛以向朝廷进献厚礼，满足天子之欲。裴肃去世，皇帝提拔齐总以大理评事兼监察御史的身份担任衢州刺史。衢州是大州，孟容根据规章制度说："正在用兵的时候，允许不待次序就提拔的情况出现。现在衢州没有忧患，齐总无功而越级破格提拔，众议难平。况且齐总本来是判官，现在诏书却说'权且主持留后，代理都团练副使'，从来没有这样的授官制度，更不可行。假使齐总值得录用，应该公开显示他的考核成绩，以解除朝廷内外的疑惑。"恰逢补阙王武陵等也据理力争，此事做才罢。

元和初，许孟容再次升任为尚书右丞、京兆尹。当时神策军，日益骄横放纵，府县不能控制他们。军吏李昱向富人借了八百万两银，三年了还不肯归还。孟容派官吏捕来盘问，跟他约定归还期限，说："不按期归还，处死！"全军皆惊，向朝廷申诉。宪宗下诏把李昱交付给军队处治，宪宗先后两次派遣使者去督促，许孟容都没有听命。许孟容上奏说："不听从皇命，我应当被处死。然而我是在皇上身边任职的，应当替皇上抑制豪强。钱还没有全部归还，李昱不能释放。"皇帝赞许他坚守正义，答应了他。

盗贼杀了武元衡，许孟容禀告宰相："汉代有一个汲黯，奸臣就止息了阴谋。现在朝廷没有过失，但是狂贼竟敢这样胡作非为，还说国家有人吗？希望丞相禀明天子，起用裴度辅政，让他掌控兵权，寻找贼党，贼人必能捉到。"几天后，果然任命裴度为宰相。

柳宗元被贬柳州

"永贞内禅"后，柳宗元受到牵连，被发配到柳州当刺史。

柳宗元到柳州后，心情一直不好。公务之余，他常到附近的山野去游玩，从自然山水中寻找慰藉，以排解心中的郁结。柳州城外有着大片大片的荒地，柳宗元号召乡间的闲散劳力，开荒垦地，种树种菜，鼓励发展生产。在柳宗元的努力下，柳州可耕种土地面积大增。柳宗元在职期间，整治街巷，修筑庙宇，还开发了不少自然景观。

一次，柳宗元看到几个凶横的家伙抓住一个中年汉子，中年汉子的妻子儿女在后面悲惨地哭哭啼啼。一打听，原来这个中年汉子欠了债，到期还不出，债主就把他抓去当奴隶。柳宗元实在看不过去，就下令将一干人等全带到官府。经过审问，柳宗元才知道这是柳州的一种陋习，用自己的子女抵押换钱，约定时间赎出，如果在约定时间没有钱赎，就成为债主的奴婢。柳宗元发布政令，改革陋习，使得那些沦为奴婢者，仍可出钱赎回。政令中制定了一套释放奴婢的办法，规定已经沦为奴婢的人，在为债主服役期间，可以按劳动时间折算工钱，工钱抵完债后立即恢复人生自由，回家与亲人团聚。这一举动受到贫困百姓的欢迎，后来被推行到柳州以外的州县。

永州出产一种很毒的蛇，把它风干制成药，可以医治许多疾病。他特地访问了一个姓蒋的以捕蛇为业的农民。那个姓蒋的农民说："我的祖父、父亲都是捕蛇时被毒蛇咬到毒死的。我捕毒蛇已经有十二年了，差一点被毒死也有好多次了……"柳宗元听后非常同情，就说："你既然怨恨捕蛇，那么我去跟当官的说一说，给你换掉这份捕蛇差役，恢复原来的赋税，怎么样？"不料捕蛇者慌忙摇手说："千万不要！我虽然苦，但是比我的邻居要好多了。我只要捕到蛇，还能太太平平过日子。我的邻居们担心赋税，天天有死亡的危险啊！我就算因为捕毒蛇死了，也要比我的邻居们死得晚一些……"柳宗元深受触动，写了著名的《捕蛇者说》。

柳宗元在柳州任上，亲手创办了很多学堂，采取各种方法鼓励小孩积极念书，从根本上提高民众的素质。政事之余，柳宗元还耐心接受青年学子的拜访，对他们谆谆教导。柳宗元积极推广医学，培养出当地自己的医生为民众服务。柳宗元不仅仅满足于传播知识，更致力于改变陈旧的思想观念和思维方式。他使从来不敢打井的柳州，接连打了好几眼井，让世世代代靠天吃饭、靠喝雨水和河水长大的柳州人，从此喝上了干净甘甜的地下水。

柳宗元在永州待了十年，柳州人都亲切地称他为"柳柳州"。

『小太宗』李忱

传说李忱登基之前，为了逃避唐武宗的迫害，曾在浙江海宁镇国海昌院当过和尚，法名琼俊。唐武宗被道士上供的长寿丹毒死后，李忱被迎回长安登基，是为唐宣宗，年号大中。

唐宣宗登基后，唐朝国势已弱，藩镇割据，牛李党争，农民起义，朝政腐败，官吏贪污，宦官专权，四夷不朝。唐宣宗致力于改变这种状况。大中元年（847），他先贬谪了李德裕，结束了牛李党争。同时，他勤俭治国，体贴百姓，减少赋税，注重人才选拔，唐朝国势有所起色，阶级矛盾有所缓和，百姓日渐富裕，唐朝呈现出中兴局面，史称"大中之治"。

唐宣宗即位后，鉴于前朝晋升高官太滥的弊端，遂对高官的人数予以严格控制，授官爵的原则是：不到规定时间的不授，没有政绩的不授，不以个人好感相授，不以亲近相授。唐宣宗最重视的是地方最高长官刺史，他认为整个帝国由各个地方拼成，这些父母官的政绩，直接关系到民心向背。他规定刺史人选被确定后，不准直接去上任，必须先到京师接受他的当面考察，以定可否。

善于纳谏，是唐宣宗有别于唐朝晚期其他君主的一个重要特征。他曾想到唐玄宗所修的华清宫去放松一下，谏官纷纷进言，谏得极为激烈，他便取消了行程。他纳谏的程度，仅次于唐太宗，不论是谏官论事，还是门下省的封驳（将君主不合适的诏令退回），他大多能够顺从。此外，他十分尊重大臣的奏议，每每得了大臣的奏议，必洗手焚香再阅读。

　　唐太宗纳谏，得了魏徵；唐宣宗纳谏，得了魏徵的五世孙魏谟。魏谟入仕后，再现了魏徵直言极谏之风。唐宣宗登位后，拜魏谟为宰相。其他宰相进谏，唯恐君主不快，都委婉而谏，独他开门见山，无所忌讳。唐宣宗常叹：“魏谟有他祖辈的风范，我要重用他。”

　　唐宣宗虽然宽仁爱人，但用法极严格，尤其对于身边的人，更是严禁他们干预朝政。他曾说：“违犯国家的法律，即使是我的子弟，一样不宽赦。”

　　优人祝汉贞以滑稽著称，反应敏捷，能当场应景出语，且诙谐无比。唐宣宗认为他能为自己解闷，很是宠信。一日，祝汉贞说着说着，触及了政事。唐宣宗立即板了脸，说：“你的职责是娱乐，怎么能干预朝政呢？”从此便疏远了他。

　　乐工罗程弹得一手好琵琶，也极得唐宣宗宠爱。后罗程恃宠而骄，竟然因小事杀人，被关进大牢。乐工们为他求情，说他有绝艺，可为唐宣宗游宴助兴，要求赦免他。唐宣宗却说：“你们怜惜的是他的才艺，而我怜惜的是祖宗的法度！”下令将罗程杖杀。

　　唐宣宗经常外出游猎，但其实他真正的目的是为了深入民间了解民情，并且实地考察地方官吏的政绩。但是天下之大，唐宣宗不可能全部走遍，为此他特意想了个办法，秘令翰林学士韦澳将天下各州的风土人情以及民生利弊编为一册，供他阅览，唐宣宗将是册命名为《处分语》。

此事除了韦澳之外，无人知晓。邓州刺史薛弘宗入朝奏事，下殿后忍不住对韦澳说："皇上对本州事务了解和熟悉的程度真是令人惊叹啊！"

为解决宦官问题，唐宣宗以论诗为名，召韦澳入内，屏退左右侍从，问："近日外面舆论，对宦官的权势有何说法？"韦澳答道："陛下威断，宦官已大有收敛。"

宣宗被称为"明君"，有"小太宗"之誉。据说唐宣宗退朝后还会读书到半夜，烛炧委积，近侍都呼他为"老儒生"。

柳浑仗义执言

柳浑，原名柳载，字夷旷，一字惟深，唐朝中期名相、诗人，敢于仗义执言。

这一年，柳浑被调到京城担任掌管中央军事部门的副长官。一次，唐德宗下令让玉工给他做了一条漂亮的玉带，玉工不小心将一块玉石掉在地上摔碎了。玉工害怕极了，无奈他将自己所有的钱拿出来另买了一块玉，做成玉带。玉带呈上去后，唐德宗发现其中一块不是他自己的玉，就追问玉工其中原因，玉工只好实事求是地说了。唐德宗大怒，认为玉工有欺君之罪，命令京兆尹将玉工判为死刑。

柳浑觉得唐德宗这样做不符合法律，便站出来据理争辩说："陛下既然将玉工交给京兆尹处理，那就该让京兆尹依法定罪！"

唐德宗不耐烦地问："那么，依法应该定什么罪呢？"柳浑很熟悉法律，毫不犹豫地答道："依法，误伤陛下器具，只应判处杖责。"唐德宗一听就火了："不行！判杖责太轻，一定要处以死刑！"

柳浑毫不退让："判刑轻重应该依法论定。先王制定法律是要全国上下都遵守的。陛下既然叫京兆尹处理，却又不让他依法办事，这不是违背法律吗？"唐德宗一时无言以对。柳浑接着加重语气说："如果陛下让京兆尹违背法律办事，上行下效，法律废弃，国家如何管理？希望陛下还是从国家大局出发，让京兆尹按照法律处理玉工吧。"此时，唐德宗也感到自己盛怒之下有些感情用事，想得不周到，听从了柳浑的意见，玉工终于被免除死刑。

当过北宋两朝丞相的吕蒙正，小时候父母双亡，家里生活非常困难。这一年过年，家中空无一物，吕蒙正悲伤之余，别出心裁地创作了一副由数字组成的对联贴在大门上，不大工夫，就引来一群看热闹的人。大伙儿对着对联左看右看，都感觉莫名其妙，猜不出意思。原来，这对联是"二三四五，六七八九"。这是一副漏字联，缺"一"少"十"，谐音"缺衣少食"。横批是"南北"，寓意"没有东西"。

吕蒙正初任参知政事，进入朝堂时，有一位官吏在朝堂帘内指着吕蒙正说："这小子也当上了参知政事呀？"吕蒙正装作没有听见。与吕蒙正同在朝班的同事非常愤怒，下令责问那个人的官位和姓名，吕蒙正急忙制止。下朝以后，同事仍然愤愤不平，吕蒙正则说："一旦知道那个人的姓名，则终身不能忘记，不如不知道的好。不去追问那个人的姓名，对我来说也没有什么损失。"当时的人都佩服吕蒙正的度量。

吕蒙正后来担任宰相，为宋太宗赵匡胤所赏识。朝中有一个官吏，家里藏有一面能照二百里远的古镜，想通过吕蒙正的弟弟把古镜送给吕蒙正，以求得到升迁的机会。他弟弟找个机会提到这件事。吕蒙正笑道："我的脸不过碟子那么大，怎么用得上能照二百里远的镜子呢？"他弟弟听后不敢再提。又有一次，有人献上一方古砚，那人当场打开，呵上一口气，砚台便湿润可以碾墨了。吕蒙正不屑一顾地说："就是一天能呵上一担水，也只不过值几文钱罢了。"献砚者十分沮丧。

吕蒙正做宰相没多久，有人揭发蔡州知州张绅贪赃枉法，吕蒙正将他免职。朝中有人对太宗说："张绅家中富足，有的是钱，怎么会把钱看在眼里呢？当初吕蒙正贫寒之时，曾向张绅要钱，张绅没给他，现在吕蒙正做了宰相就报复人家了。"吕蒙正对此事未做丝毫辩驳。太宗恢复了张绅的官职。后来其他官员在审案时又得到张绅受贿的证据，太宗这才知道冤枉了吕蒙正。

吕蒙正对下属颇为宽厚，注重提拔奖掖后进，对皇帝从不拍马逢迎。有一年正月十五晚上赏灯，皇帝大宴群臣。酒兴正浓的时候，宋太宗说："朕自当政之后，日理万机，从不敢懈怠，心中常想着天下百姓，才有今日之昌盛景象。"大臣们纷纷赞美皇帝英明，把太宗拍得得意忘形。这时吕蒙正上前说道："臣不久前曾到城外，离城设几里就看到有许多人面露饥色，甚至还有饿殍。愿陛下不但看到眼前的繁荣，而且也能看到远处正挨饿受冻的百姓，这才是天下苍生之幸！"太宗听到这话，一时黯然失色，群臣都不敢出声。过了好久，太宗才转怒为喜："我得蒙正如唐太宗之得魏徵，倘若做臣子的都能这样时时提醒朕不忘以天下苍生为念，国家哪里还会不富强，百姓哪里还会不舒心啊！"

张咏，字复之，自号乖崖，濮州鄄城人，北宋太宗、真宗两朝名臣，尤以治蜀著称。

张咏镇守四川的时候，一次路过偏僻小巷，听到有人哭，哭声恐惧而不悲哀。张咏马上派人去询问，一位妇人哭着说："丈夫得暴病死了。"张咏吩咐下面的官吏彻底究查此事。官吏仔细地反复检查了死者，丝毫没发现有什么他杀的痕迹。毫无头绪的官员回到家里说起此事，他的妻子教他去搜死者的头发，应当会有发现。官吏按法再去查验，果然发现有一枚很长的铁钉钉入死者大脑中。官吏很高兴，想夸耀妻子的能耐，就把经过原原本本地告诉了张咏。张咏叫来官吏的妻子，先重重地奖赏了她，然后问她是怎么知道这种杀人方法的，官吏的妻子语焉不详，张咏命令将她与之前杀夫的女人一起审问。经过审问，原来官吏的妻子曾经谋害过前夫，用的也是这种方法。开棺验尸，官吏妻子前夫头上的那颗钉子还在。于是官吏妻子与那个哭妇一起在刑场被斩首。

张咏做杭州知府时，有一个叫沈章的告他哥哥沈彦分家产不公平。张咏问明事由，说道："你两兄弟分家已三年，为什么不在前任长官那里告状？"沈章道："已经告过了，非但不准，还被责罚。"张咏道："既是这样，显然是你的不是。"将他轻责数板，所告不准。半年后，张咏到庙里烧香，经过街巷时记起沈章所说的巷名，便问左右道："以前有个叫沈章的人告他哥哥，住在哪里？"左右答道："便在这巷里，和他哥哥对门而居。"张咏下马，叫沈彦和沈章两家全部出来，相对而立，问沈彦道："你弟弟曾向我投告，说你们父亲逝世之后，一直由你掌管家财。他年纪幼小，不知父亲传下来的家财到底有多少，说你分得不公平，亏待了他。到底是分得公平呢，还是不公平？"沈彦道："分得很公平，两家财产完全一样多。"又问沈章，沈章仍旧说："不公平，哥哥家里多，我家里少。"沈彦说："一样的，完全没有多寡之分。"张咏道："你们争执数年，沈章始终不服。到底谁多谁少，难道叫我来给你们两家一一查点？现在我下令，哥哥一家全部到弟弟家里去住，弟弟一家全部到哥哥家里去住，立即对换。从此时起，哥哥的财产全部是弟弟的，弟弟的财产全部是哥哥的，双方家人谁也不许到对方家去。哥哥既说两家财产完全相等，那么对换并不吃亏。弟弟说本来分得不公平，这样总公平了罢？"

毕士安，字仁叟，代州云中人。宋太祖乾德四年（966）中进士。

太宗雍熙二年（985），皇子们离开都城前往自己的封地做藩王，太宗谨慎地为他们选择下属官吏，毕士安调任左拾遗兼任冀王府的记室参军。太宗下诏："皇子们生在宫廷长在宫廷，不了解外面的事情，年龄渐近成人，必须靠贤良辅佐引导，使他们每天都能听到忠孝的道理，希望各位努力。"

端拱年间，太宗下诏命王府的属官撰文呈献。太宗阅览多日，问身边臣子："谁的品行更优秀呢？"有人推荐毕士安。太宗道："正符合我的心意。"

真宗时，毕士安被提拔为吏部侍郎、参知政事。毕士安上朝谢恩，真宗说："我想任命你为相。"毕士安叩头。真宗说："你可否为朕推荐一才能足以与你相匹敌之人？"毕士安回答说："我才能低下，实在不能胜任宰相之职。寇准忠义果敢，长于理断大事，堪任宰相。"真宗说："听说他态度强硬，意气用事。"毕士安回答："寇准正直无私，意气风发，情绪激昂，高风亮节，愿意为国牺牲，操持正道，憎恨奸邪，在朝大臣很少有超过他的。现在老百姓虽然托皇上恩德，安闲逸乐，但强横的西夏是边境上的祸患，正是寇准这样的人才发挥能力之时。"真宗说："既然这样，应当借你这样年老且有德望的人来压制他。"没过一个月，毕士安和寇准一同受官为平章事。毕士安兼监管修撰本朝历史，位在寇准之上。

寇准任宰相后，果然守正嫉恶，很有政绩，但是也受到了小人的嫉恨。曾有一个叫申宗古的诬告寇准和安王赵元杰勾结，寇准很着急，不知道怎样辩解。毕士安为他极力辩解，查清诬告案件，将申宗古斩首，寇准才得安心于政务。

陈尧佐，字希元，号知余子，阆州阆中人，宋仁宗时官至宰相。陈尧佐小时候就非常聪慧，他父亲教他哥哥陈尧叟读书，往往陈尧叟还没有读熟，站在旁边听的陈尧佐却已背熟了。宋太宗端拱元年（988），二十六岁的陈尧佐中了进士。

潮州地处岭南，宋时还是偏远蛮荒之地，文化落后，民俗鄙陋。陈尧佐到任后，认为最重要的事情就是使这里的民众得到开化，而要开化民众，首要工作就是传播文化。于是，他筹备修建了孔子庙、韩愈祠堂，宣传学习文化的重要性，并在各地开办了一些学堂，又不辞劳苦地动员有供给能力的家庭把孩子送到学堂读书。通过陈尧佐的努力，潮州的文化事业较之前有了很大的发展。

钱塘江潮水为患，历来的防御方法是编竹笼，在笼中装石块垒成堤来阻挡潮水。可是竹笼几年时间就坏了，石块散落，堤坎垮塌。陈尧佐认为这样筑堤，不但难于防患，反而足以困民，石块虽坚硬，但不能紧密结合，竹笼坏则石块散，而用泥土筑堤，土能紧密结合，再植上树草，更能起到护堤作用。但朝中执政大臣却认为这是擅改旧规，不肯采纳，仍用老办法笼石筑堤，几年都修不成，最后只好采用陈尧佐的建议，堤很快就修好了。

陈尧佐任寿州知府时，寿州大饥荒。陈尧佐一方面向朝廷报告灾情，请求减免赋税和开仓赈灾，一方面把自己的薪俸捐出来，买米煮粥救济灾民。在他的带动下，寿州地方的官员和富裕之家，都纷纷拿出粮食来救灾，使数万灾民存活下来。

在任河东路转运使时，陈尧佐见这一带土地贫瘠，出产不丰，许多人都靠开采煤铁为生，而当时煤炭和铁矿的税都是很重的，故当地人民生活十分困难。陈尧佐上奏朝廷，请求免除煤税，减轻铁税，朝廷批准了。

陈尧佐在任河东转运使和河北转运使时，发动群众开凿了泽州、怀州一带的太行山道路，把太行山险要地区的道路互相连结起来，不但有利于国家调运物资，也方便了民间交往、运输、生产。

陈尧佐七十五岁时，被宋仁宗任用为宰相。

庆历七年（1047），文彦博任枢密副使时，贝州爆发了王则领导的农民起义。朝廷派明镐领兵镇压。贝州城墙坚固，易守难攻，明镐率兵攻打了很久，都不能攻破。朝廷打算更换统帅，文彦博主动请缨。他使用"明修栈道，暗渡陈仓"的计谋，一方面指挥官兵猛攻贝州北城，另一面派人在城南挖掘地道通往城内。只用了十来天，地道竣工，官兵顺利攻破贝州城，王则被捕，起义被平息。文彦博因此被升为同中书门下平章事、集贤院大学士。

文人带兵，往往过于柔弱，难以树立威信。文彦博在带兵方面却有着颇为独特的方法，即便面对一触即发的兵变，也能处变不惊，应对游刃有余。

一个大雪之夜，文彦博和宾客宴饮至深夜，当班役卒心怀不忿，就把官衙的井栏折断，围在一起烤火。士卒故意寻衅，兵变一触即发，形势非常紧张。当军官把事情禀告给文彦博时，座上宾客都吓得战栗起来。文彦博却平静地说："天气实在是太冷，他们折井栏烧来御寒也无可厚非。"本想闹事的役卒，没料到文彦博如此处置，满腔怒火顿时消减了大半，不再继续耍泼。罚不责众，处置过严，则有可能激发矛盾，引起兵变。文彦博的冷处理，犹如以水浇火，瞬间熄灭了一场可能的兵变风波。然而，役卒犯规，不处罚，则主将会丧失威信。第二天，文彦博追问出带头折断井栏的士卒，罚以杖刑后，把他打发走了。

文彦博曾与枢密使庞籍讨论淘汰冗兵减省冗费一事，朝中大臣多认为此法不容易行得通，因为朝廷过去害怕在灾荒年间发生灾民暴动，便在灾区大规模征兵，以减其势；如若减省冗兵，恐怕所减之人聚为盗贼，危害社会安定。仁宗也迟疑不决。文彦博坚持己见不动摇，终使朝廷接纳了他的意见，果然没有暴动之类的事情发生。

在担任河东路转运副使时，文彦博以实际行动又一次证明了自己的远见。河东路所管辖的鄜州城与西夏相邻，往城内运送粮饷的道路迂回绕远，不易行走。城外的银城河边有一条唐朝时修建的道路，是通往鄜州最近的坦途，可惜荒废已久，人们也从不由此通行。文彦博了解到这个情况后，亲自带人修复了这条故道。同时他还命人在城里积聚了很多粮草，当地官民都不明其意。后来西夏元昊果然率军来进攻，看到鄜州城早有准备，只好撤兵而去。

苏轼调任扬州太守。赴任途中，小桥流水，花红柳绿，苏轼心里好不舒畅。进入扬州地面后，见路旁大片大片的庄稼地里，都种着芍药。苏轼好生奇怪，便停轿走进芍药田。只见那芍药花含苞欲放，姹紫嫣红，令人怜爱。苏轼叫来守花的老农，问道："老人家，你为何种这么多芍药花呢？"老农见苏轼穿着官服，便没好气地说："还不是你们当官的叫种的嘛！"苏轼更加奇怪，又问："民以食为天，你们不种稻谷，种这么多芍药，能当饭吃么？"老农说："你是真不知道还是装糊涂哦？扬州府每年都开芍药花会，每家都要种芍药，到时候搭花门，塑花墙，把扬州城打扮成个锦簇花城。要是哪个不种，官府要么抓人，要么罚银。我们老百姓的日子，硬是没办法过！"听到这里，苏轼心里一惊。

过去在京城时，就听说蔡京非常喜爱芍药花。蔡京在扬州当太守时，仿效洛阳牡丹花会，在扬州搞芍药花会。绅吏串通一气，乘机巧取豪夺，搜刮民脂民膏。如今亲睹，怎不叫人义愤填膺。

眼看花会临近，扬州城里却出了一件惊天动地的命案。扬州城南有个花农叫陈春，他有一株黑芍药，是芍药中的极品，据说扬州城里只此一株。陈春爱此花如掌上明珠，特意在花圃里搭了花棚，日夜守护着黑芍药。谁知一天晚上，几个蒙面贼闯进花棚，杀了陈春，抢走了黑芍药。苏轼接到报案后，日发三道签令，命捕头率领衙役，限期破案。一天晚上，捕头密奏苏轼："我有个朋友，是城内豪绅啸天虎杨洪的跟班。据他讲，杨洪书房里最近多了一盆黑芍药。他听啸天虎说，过几天就要把黑芍药送到京城蔡京蔡大人府上。不过，这啸天虎杨洪是扬州一霸，又是蔡京的干亲家，苏大人可要三思而后行。"苏轼略一沉吟，心里有了主意，便叫捕头附耳过来，如此如此，这般这般，交代一番，捕头领命而去。

第二天，苏轼带个贴身衙役，来到啸天虎杨洪府上。杨洪早知苏轼才高八斗，文章盖世，今见苏太守亲自来访，好不惶恐。宾主寒暄落座，苏轼问："听说你和蔡京蔡大人是干亲家？"杨洪一听问这事，心里一块石头落了地，笑答："在下和蔡大人是至交，蔡大人在扬州时，我们常在一起喝酒唱酬。"苏轼点点头，说："我和蔡大人同侍于天子一侧，笔墨上常有交流。如今蔡大人离任，我初来扬州，有不少事情需要讨教。听说你近日要前往京城？"杨洪心里一惊，支吾道："唔……是的，我早想进京去拜望蔡大人，只是最近偶染小恙，待身体好些再去。"苏轼说："那好，我在此修书一封，托你带往京城，面交蔡大人，可好？"杨洪不得不答应道："好，好！苏大人托我办事，是看得起我，哪有不答应之理？"一边说一边瞪着家丁："还不快去书房准备笔墨纸砚！"家丁赶忙到书房去了。

不一刻，杨洪领着苏轼来到书房。书案前的地上，被水濡湿了一大片，显然是浇花留下的水渍。当中一圈是干的，说明这里刚搬走一个花盆。苏轼不露声色地看了贴身衙役一眼，走到书案前，提笔给蔡京写了一封信。苏轼把信交给杨洪后，便起身告辞了。

当天晚上三更时分，捕头在城墙下抓住两个挑着担子的杨府家丁，从担中搜出了那盆黑芍药，当然还有苏轼写给蔡京的那封信。

天明，苏轼升堂，令捕头把啸天虎杨洪拘来。苏轼说："大胆狗才，你仗势欺人，杀人夺花，该当何罪？"杨洪开始还想狡辩，待苏轼把那两个家丁传上堂来，杨洪便泄了气，只得低头认罪。死到临头他还问："苏大人，你咋知道我当晚要把花偷运出城呢？"苏轼笑道："岂不闻打草惊蛇，引蛇出洞之法么？"说完当堂宣布：扬州府不再举办芍药花会，今年已种芍药，因根可入药，由府衙统一收购，明年所有芍药田全部复种庄稼。扬州百姓听说不再办劳民伤财的芍药花会了，人人奔走相告，赞扬苏轼是个爱民的好官。

『殿上虎』刘安世

刘安世，字器之。刘安世中进士以后，跟随司马光学习，曾向司马光请教全心尽责、立身行事的关键。司马光教导他要真诚，并要他从不说假话开始。

刘安世体貌魁梧，声如洪钟。在他刚刚被任命为谏官，尚未拜官任职时，上堂告诉母亲说："朝廷不因为安世不贤，任命儿为谏官。既做了谏官，一定要有见识，敢做敢为，敢于承担责任，但倘若有冒犯皇上之处，灾祸便马上临头。皇上正以孝道治天下，如果以母亲年老为托辞，应当可以避免任此官职。"母亲说："我听说谏官是对天子直言敢谏的臣子，你父亲一辈子想任此职都未能如愿。你有幸任此官职，应当舍弃身家性命来报答国恩。即使获罪遭流放，不论流放地点有多远，我都会跟你走。"刘安世于是接受任命。

刘安世做谏官多年，堂堂正正，秉持公道。他在朝廷上当面指陈政令得失，有时皇帝十分恼怒，他就握着手板退后一步站着，等到皇帝怒气渐消，又走上前激烈陈辞。旁边的侍臣们远远地看着，吓得直淌汗，把他看作"殿上虎"，一时间没有不敬服他的。宦官梁师成把持朝政，心中亦叹服他的才德，找到刘安世身前奔走的小吏吴默，让他带一封信给刘安世，用封大官来引诱他。吴默劝他为子孙们考虑，刘安世笑着回答："我如果要为子孙考虑，就不会是这样子。我想做人间的完人，好到九泉之下见我老师的司马光。"

爱民尽职的马光祖

马光祖，字华父，赐号裕斋，封金华郡公。马光祖是与范仲淹、王安石等齐名的宋朝名相。

景定三年（1262），京城临安发生饥荒，朝廷下诏赈恤贫民，但集市上买不到粮食。时知临安府的马光祖知道理宗之弟的荣王府与立为储君的荣王之子的芮府积有大量粮食，三次前往募捐，荣王都避而不见。马光祖没有办法，便躺在荣王府的客房里不走，荣王只好出来接见。马光祖厉声说道："普天之下，谁不知道储君为大王子。现在老百姓都快要饿死了，你为什么不开仓放粮？"荣王以仓储空虚相推，马光祖马上从怀里取出一张调查表说："大王某仓有粮若干，某某仓又有粮若干，此为调查之实情。"荣王一时无言以对，只好许以三十万斤粮赈恤贫民，一时活民甚多。

临安府有这样一起案件。一个书生翻墙进入所爱少女房间，被官府关押。马光祖一问案由，就出题《逾墙搂处子诗》面试，那书生秉笔疾书："花抑平生债，风流一段愁。逾墙乘兴下，处子有心搂。谢砌应潜越，韩香许暗偷。有情还爱欲，无语强娇羞。不负秦楼约，安知漳狱囚。玉颜丽如此，何用读书求。"马光祖一见，大加赞赏，不但不责罚书生的非礼之举，反填一首《减字木兰花》词，判二人结婚："多情多爱，还了平生花柳债。好个檀郎，室女为妻也合当。雄才高作，聊赠青蚨三百索。烛影摇红，记取冰人是马公。"一时被传为京城佳话。

马光祖提点两浙路刑狱，负责浙江一带司法审判期间，地方曾发生无赖之徒借死人事件大敲竹杠、大发不义之财的恶性案件。有个流丐胡四四跑进住在街道旁的居民曹十一家里乞讨，犯了叫花子不能进客堂的忌讳，被曹十一捆起来毒打了一顿。事隔近两个月后，胡四四因病死去，恰巧其血亲胡四三也来当地，以兴讼为能事的无赖娄元英便像是发现了宝货。娄先教唆胡四三上曹家吵闹，道胡四四的死乃因遭彼毒打，伤重不治，威胁要告官。然后自己登门，愿为胡、曹息讼，充当和事佬。曹十一怕见官司，情愿拿出田产和钱财作陪私了。一切均由娄元英经手，他狠捞了一票，旋将胡四四的尸体焚化。本来这事也就算完了，孰料焚尸时，被曹晖和曹升两人看见。娄元英怕他俩会告官，败露自己的劣迹，索性来个恶人先告状，又与胡四三联名具呈，控诉曹晖、曹升包庇曹十一打杀胡四四。马光祖审后写了判词说："一开始教唆胡四三诈曹家的是你娄元英，继而卷起袖管发话捏合的是你娄元英，主张焚尸的又是你娄元英，最后公然具名诬告曹晖、曹升的，还是你娄元英！按说胡氏之死，与娄氏有何相干？似这等无籍讹徒，别无手艺和工作，专靠搬弄词讼为生计，逐臭闻腥，索瘢寻垢，事情一到他手上，倒横直竖，全归他摆布，利益归他攫取，灾祸让别人承担。倘不痛加惩办，风气败坏。"因此判决娄元英脊杖三十，发配五百里外地方关押，并将其审判结果在地方张榜公布，让犯有类似过失的地痞浪人悔悟自新，洗心革面，从而达到安抚地方百姓的目的。

苏天爵，字伯修，真定人，元朝名臣，著名史学家，曾任江南行台监察御史、吏部尚书、礼部尚书等职，有"元代包公""苏青天"的美誉。

元至顺三年（1332），苏天爵奉命去湖北审视囚犯。作为监察御史，他不顾道路僻远，天气炎热，气候潮湿，每天奔波于湖北各地，审理在押囚犯。只要遇到有疑点的案件，他就会重新审查，凡遇到有冤情的狱囚，他就会问："宪制规定，一年有两次视察，你为什么不早申诉呢？"囚犯回答："以前来视察的，只是应付差事，没有真正想为我们这些老百姓伸冤的。他们官官相护，欺下瞒上，谁管我们的死活！今天听说御史大人到了，而且您就是人们传颂的'苏青天'，我才有机会申诉啊！"苏天爵为之叹息！以后审理案件时更加深究细问。

常德一个姓卢的和一个姓莫的一同出去做雇工，姓卢的乘船时一不小心坠水而亡。姓卢的弟弟是个和尚，他听说哥哥在外地做工死了，便想和嫂子私通，结果遭到嫂子的痛斥。和尚恼羞成怒，诬告嫂子与姓莫的私通，是姓莫的将姓卢的推下水的。官府就把姓莫的捉拿，姓莫的无法辩明，屈打成招，承认姓卢的是被自己杀的，他将姓卢的头割下扔到草丛中，尸体扔在了谭姓人家门前的水沟里。官府并不认真调查，草草结案。苏天爵查到此案，感到疑点重重，于是便派官兵前去搜查，尸体没有找到。事有凑巧，这家姓谭的女主人偏偏是一个爱搬弄事非、见利忘义的家伙，她为了得到官府付给举报人的奖励，便作伪证说："一个月前，看见一具尸体顺水漂走了。"苏天爵认为，从案发到现在已经八年了，尸体即便有，也早就应该腐烂了，怎么会现在才漂走呢？于是便将谭氏找来仔细询问，谁知谭氏却是一个瞎子，而且在姓卢的未死之前，她就已经失明，明显是在说谎。苏天爵当即断定这是冤狱，况已经不止三年，于是下令释放姓莫的。

元顺帝非常欣赏苏天爵的才干，先后任命他为吏部尚书、礼部尚书，后来又升为参议中书省事。苏天爵想国家之所想，急皇帝之所急，为国事夙夜谋划，言无顾忌。由于他日夜操劳，以至于头发胡子全白了。

至正五年（1345），苏天爵出任山东道肃政廉访使，兼任京畿宣抚使。他体察老百姓的疾苦，严惩贪官奸吏，大兴改革之风，因此得罪了当朝宰相和一些权贵，他们绞尽脑汁地中伤、诬陷他，终以不称职罪，将他罢官。后来元顺帝终于知道苏天爵是被冤枉的，又起用他为浙东道廉访使、江浙行省参知政事。

治世能臣夏原吉

夏原吉，字维喆，德兴人。

夏原吉曾代理户部事务，凡各地的户口、府库、田税增减的数目，他都用小本子记好，带在身上，随时查阅。

浙西发大水，有关官员治理得不得力。永乐元年（1403），命夏原吉前往治理，不久又命侍郎李文郁做他的副手，派佥都御史俞士吉带水利书籍赐给他。夏原吉请求沿着大禹所开的三江入海的故道，疏浚吴淞江下游，上接于太湖，然后，量地建闸，按季节开闭闸门，得到了皇帝的首肯。夏原吉动用十几万民工参加治理工程。他身穿布衣，徒步往返，日夜谋划。工程竣工后，他说水虽然已由故道入海，但支流还没有全部疏通，非长久之计。永乐二年（1404）正月，夏原吉再次前往浙西，大理寺少卿袁复做他的副手。不久，皇上又派陕西参政宋性辅助他。同年九月工程完工，疏浚了白茆塘、刘家河、大黄浦。流水畅通，苏州、松江一带农田获得大利。

永乐三年（1405）夏，浙西发生严重饥荒，皇帝命夏原吉率领俞士吉、袁复和左通政赵居任前往赈济。他们发放三十万石粮食，并供给饥民耕牛和种子。有人请求招徕百姓佃耕大水退后的淤田，夏原吉急速传疏反对。姚广孝从浙西回来，称赞夏原吉说："他真有上古仁爱之心。"

永乐十八年（1420），北京的宫室建成，皇帝派夏原吉南下召太子和太孙北上。回来复命后，夏原吉上奏："经过多年营建，宫室终于大功告成。现在应该安抚流亡在外之人，免除拖欠的各项征收，使人民得以休养生息。"第二年，三殿失火，夏原吉重申前请。皇帝马上命有关部门推行。

夏原吉任户部尚书时，总是被召去议论国家大事。皇上每次御临便殿门口，总是召夏原吉谈话，左右均不得听闻。夏原吉退下后，总是谦恭有礼，丝毫没有恃宠而骄之态。

讨平交趾后，皇上问升官与赏赐哪样便利。夏原吉回答："赏赐费用只是一次，是有限的；而升官后的费用，则是无限的。"皇帝听从。有西域法王来朝见，皇帝想到郊外去慰劳，夏原吉说不行。法王入宫后，夏原吉见而不拜。皇上笑着说："你想效法韩愈吗？"山东唐赛儿谋反，被平定以后，有三千多胁从者被俘来京。夏原吉请求皇帝，将他们全放了。谷王桐反叛，皇上怀疑长沙有人参与阴谋。夏原吉以全家一百条人命做担保，这事才得以平息。

耿直大臣李时勉

李时勉，名懋，江西安福人。六十八岁时，李时勉才被任命为国子监祭酒。

李时勉年事虽高，但"慨然以天下为己任"之心不改。来到国子监后，他便着手整治学规，督促学业，而且亲自讲授。他看到监舍不整，便上奏请求改建。明宣宗派太监王振前往视察。李时勉从不把这些权贵放在眼里，因此对王振也没有特殊迎接。王振怀恨在心，欲寻故将李时勉治罪。李时勉曾经折断彝伦堂前一棵树的枝条，王振于是说李时勉擅自砍伐官木回家。王振拿着圣旨到来时，李时勉正坐在东堂批阅学生们的试卷，他从容不迫地宣布完学生们的成绩，让僚属们定出等级，放榜公布，这才出来受刑。

当时正当盛暑，王振让人将他枷于国子监门前，一连三日。国子监学生李贵等一千多人到宫门前请求宽恕李时勉。太学生石大用哭道："师父如同父亲一样，师父遇难，弟子怎么能够安然坐着不动声色！"于是他奔走呼号，又上疏愿以身相代。一时联名请求赦免其罪罚的达数千人之多。王振恐怕激变，连忙释放了李时勉。

李时勉重廉耻，从来不搞托关系走权门那一套。他坚持劝善惩恶，主张把新的思想主张变成士人的习惯。他节衣缩食，省下钱来，尽力为有困难的人解决实际问题。

李时勉七十四岁时，恐自己年高难以胜任工作，一再上疏请求退休。当他离京还乡时，相送的朝臣及国子生聚于郊外者有三千多人。

况钟治理苏州

　　况钟是江西靖安人，以干练闻名，多次得到明成祖的嘉奖。

　　况钟虽然出身于刀笔吏，却重视学校教育，礼敬文人儒士，贫寒之家的读书人多有受到他帮助的。有个名叫邹亮的人献诗给况钟，况钟见他才情非凡，想要推荐他。有人写了匿名书信诋毁邹亮，况钟说："这是想让我更快地帮邹亮成名。"当即奏明朝廷，朝廷召授邹亮吏、刑二部司务，后升任御史。

　　况钟为吏员时，吴江人平思忠也由吏员起家，任吏部司务，对况钟有恩。况钟多次邀请平思忠来家做客，非但自己对他非常恭敬，还让两个儿子以礼侍奉。

　　明宣宗即位后，苏州府赋税、吏治、治安问题突显起来。苏州经济繁荣而赋税特重，贪官污吏、恶霸劣绅相互勾结，上盗国库，下欺良民，难以忍受剥削压迫的农民大量逃亡，国家赋税也收不上来，苏州府成为难以治理的州府之一。明宣宗派况钟任苏州知府。

　　第一天坐堂，吏员们就送上一大堆卷宗，让他审批，想摸他的底。这些卷宗有的是疑难杂案，有的是做过手脚的舞弊案。况钟装出糊涂的样子，一一询问他们，这件该怎样批答，那桩又该怎样办理，并依照他们的意见，签押办理。奸吏们见新知府如此好说话，非常高兴，以为又遇到一位昏庸糊涂的上司，依然可以放心大胆地营私舞弊。况钟看在眼里，记在心里，但表面上并不露声色。

这次与况钟一道出京的，还有同时任命的另外八个府的知府。皇帝为他们设宴送行，又每人给一封诏书，要求他们到任后放手清理赋税问题，兴利除害，不怕威胁，不受利诱，不被欺骗，有违法害民的官员，立即逮捕送到京城治罪。

一个多月后的一天，况钟升堂，突然命令立刻召集府中官员和属吏，又请来了地方上的长老，当众宣读了皇帝的诏书，接着一个个当堂问话："某人哪一天收了某人若干两银子，将他的仇人诬陷下狱。""某人哪天私放了一个罪犯，得到若干肮脏钱……"

这批平时欺上瞒下、狐假虎威的贪官污吏，个个心怀鬼胎，被问得胆战心惊，呆若木鸡，多数不敢分辩。个别胆大的想要狡辩，况钟取出他的记录，指出他在某件事上是怎么说的怎么做的，在另一件事上又是怎么阻挠知府办案的，等等，证据凿凿，难以抵赖。况钟当堂处死了六个罪大恶极的奸吏。其余官吏都战战兢兢地退下，等待发落。

当时苏州府下辖吴县、长洲、吴江、昆山、常熟、嘉定、崇明七县，十多个县令、县丞，有的勾结恶势力，贪赃弄法；有的老迈昏庸，办事糊涂；有的饱食终日，无所事事，况钟一连罢免了十一位。

苏州农村有一种四围围堤的低洼田，叫圩田，管理人员叫圩长、圩老，共有九千人。这些人多数是地方恶霸，专门欺压善良本分的农民。况钟顶住上司的压力，坚决将他们革除掉。况钟的雷厉风行，震动了整个苏州府，贪官污吏、恶霸劣绅个个胆战心惊，不敢不有所收敛。

此外，况钟在苏州还大力平反冤狱，兴修水利，设置"济农仓"，救济灾民，兴学育才，为苏州人民做过不少有益的事。当地人民称他为"况青天"。

况钟在苏州一连做了三任知府，每次任满，照例要迁升，全苏州的百姓都挽留他，多次联名上书朝廷。朝廷不得已，只得让他连任，将他的官衔从正四品提升到正三品。长期的操劳，使他积劳成疾，1433年，况钟六十岁，死于任上，这时他已经做了十三年的苏州知府。

　　《明史·宦官传》中列举了三位好宦官，其中一位便是怀恩。怀恩，苏州人，本姓马，宣德年间进宫，赐姓怀，改名怀恩。他此生最大的功绩便是一路扶持孝宗皇帝登基为帝，帮助皇帝清理朝政、遏制汪直等宦官笼权，在一定程度上制止了明朝宦官当政情势的发展。

　　怀恩为人谨慎，成化年间提升司礼监掌印太监。当时西厂的汪直等人也很受宠，但是论起地位还是低怀恩一等，再加上怀恩性情耿直，明事理懂典故，又廉洁不贪，这不仅让他在宦官当中威信极高，大臣们对他也很是尊敬。

　　怀恩有一名老属下名叫张敏，性忠直。张敏将孝宗皇帝朱祐樘的身份告知明宪宗后，自知难逃万贵妃毒手，便吞金自杀了。张敏知道皇子朱祐樘今后的路将会充满危机，临死之前托付怀恩，让他务必保得朱祐樘平安。怀恩没有食言，正是他一次次将命悬一线的朱祐樘救出，躲避万贵妃的毒害，逃离危机，并一步一步将朱祐樘扶上皇位。

　　怀恩经常侍奉在皇帝身边，对于国家朝政、大臣忠奸也有所知，经常劝诫皇帝宽恕忠臣，惩罚奸佞小人。

宪宗时期，宦官阿九为人狡诈，他的哥哥在担任京卫时犯了错误被刘大夏责罚。阿九便向皇帝诬告刘大夏，宪宗皇帝听信谗言，将刘大夏贬入狱中。怀恩听说之后，觉得刘大夏并没有做错，是阿九颠倒黑白、玷污圣听，便向皇帝说明缘由，刘大夏终被无罪释放。

大臣林俊不满宦官梁芳等人的恶行便上书弹劾，不料此消息被梁芳等人得知，便私自将林俊逮捕入狱，还在宪宗皇帝面前说尽林俊的坏话。宪宗皇帝信了梁芳等人的话，要处死林俊。怀恩一再冒死进谏，宪宗皇帝大怒，甚至用墨砚砸他将他赶了出去。即便这样，怀恩也没有停止解救林俊。他派人谴责镇服司谄媚梁芳，警告他们不得杀害林俊。梁芳等人再嚣张也没怀恩辈分大，镇服司没敢处死林俊。怀恩装病罢工，宪宗皇帝知道他为人清廉耿直，便派太医前去诊治，还将林俊放了出来。

有个叫章瑾的想要求得"锦衣卫镇服"一职，便向皇帝进贡宝石，皇帝一时高兴，准备应允了他的请求，怀恩坚决反对，冒死拒绝传旨，并谏言，锦衣卫镇服一职掌管全国所有的诏狱之事，如此重要的职位怎么能让一个靠贿赂求官的人担任呢。

宪宗晚年听信万贵妃一党教唆，想要将朱祐樘的太子之位废除，怀恩深信太子朱祐樘机敏睿智，将来会是一代明君，拼死进谏终于保住了朱祐樘的太子之位。但这件事情彻底惹怒了宪宗皇帝，他将怀恩打发到安徽凤阳去守朱氏祖坟。

明孝宗朱祐樘继位之后，感念怀恩的情义，再加上他确实是位难得的清廉耿直的好宦官，便下旨将他召回，任命他继续担任司礼监掌印。怀恩回朝后继续压制汪直、梁芳等人祸害忠臣，西厂宦官的嚣张气焰亦被压制。孝宗在位期间，奸臣万安祸乱朝政，排挤忠臣，怀恩向皇帝进谏废除万安重用忠臣王恕。孝宗皇帝听取了他的建议，一时之间朝堂清明，忠臣汇集，群臣百姓皆说是怀恩的功劳。

　　明孝宗朱祐樘，明朝第九位皇帝，童年非常坎坷不幸。他的生母纪氏是广西纪姓土司的女儿，纪姓叛乱平息后，纪氏被俘入宫，管理皇帝私房钱。一次宪宗偶然经过，见纪氏美貌聪敏，就留宿了一夜。事后，纪氏怀孕。宠冠后宫的万贵妃知道后，命令一宫女为纪氏堕胎。纪氏的人缘很好，派来的宫人不忍下手，向万妃谎称纪氏是肚内长了瘤子而不是怀孕。万贵妃仍不放心，下令将纪氏贬居冷宫。纪氏于冷宫中偷偷生下了朱祐樘。万贵妃得知后，又派门监张敏去溺死新皇子，张敏却冒着生命危险，帮助纪氏将婴儿秘密藏了起来，每日用米粉哺养。被万贵妃排挤而遭废的吴皇后也帮助哺养婴儿。万贵妃曾数次搜查，都未找到。就这样，朱祐樘吃百家饭长到六岁。一天，张敏为宪宗梳头时，宪宗叹息："我眼看就要老了，还没有儿子。"张敏连忙伏倒在地禀报："万岁已经有儿子了。"宪宗大吃一惊，忙追问究竟，张敏说出了实情。宪宗皇帝听后大喜，立即命令去接皇子。当宪宗皇帝第一次见到自己那因为长期幽禁、胎发尚未剪、拖至地面的瘦弱儿子时，不禁泪流满面，感慨万千。当天宪宗即召集众臣，说出真相。次日，颁诏天下，立朱祐樘为皇太子，并封纪氏为淑妃。但纪氏随后却突然暴亡，门监张敏也吞金自尽了。显然，纪氏与张敏之死皆与万贵妃有直接关系。宪宗的母亲周太后担心万贵妃会对太子下毒手，就亲自将孙子抱养在自己的仁寿宫内，才使太子得以安全地生活在宫中。

太子朱祐樘得到博学多才的程敏政、刘健等人的指点，熟读经史，养成了仁孝恭俭的品格。即位后，朱祐樘仍然手不释卷，经常阅读《孝经》《尚书》《朱熹家礼》《大明律》，稍有疑问即请教儒臣法吏。

成化二十三年（1487）春，万贵妃病故，宪宗也因悲伤过度于八月去世。皇太子朱祐樘于九月壬寅日继位。第二年改年号为"弘治"，是为明孝宗。宪宗留给十八岁朱祐樘的，是一座朝政紊乱、国力凋敝的江山。在这个千疮百孔的舞台上，孝宗皇帝用自己的宽容与勤奋力挽狂澜，让明朝得以中兴。

朱祐樘对臣下宽厚平和，京官夜返家中时，必派铺军执灯传送。这些事虽不算大，但作为一个封建皇帝能如此体贴臣下，确属相当不易了。这样，一大批以廉洁、勤奋、有事业心、以国为家的贤臣有机会满怀激情地施展才干，出现了历史上少有的良臣大集合。朱祐樘还广开言路，虚心纳谏。每天除早晚朝之外，还两次在平台召见有关大臣议事，称为"平台召见"。

朱祐樘体恤民生，善待百姓，常常减免地方赋税。地方官奏报因灾情免赋的要求，他都无一例外地下旨同意。免税粮之外，他还给贫民麦种、牛种。他还禁止宗室、勋戚奏请田土及受人投献，禁止势力人家侵夺民利。有一次，朱祐樘特地派遣手下人送羊送酒到黄河工地上，犒劳治理黄河的刘大夏及河工。

朱祐樘提倡直言进谏，为人宽厚仁慈，躬行节俭，不近声色，勤于政事，重视司法。孝宗皇帝的勤政终于得到了回报，弘治朝吏治清明，任贤使能，抑制官宦，勤于务政，倡导节约，与民休息，是明朝历史上经济繁荣、人民安居乐业的和平时期，被史家称为"弘治中兴"。

朱祐樘还是中国历史上唯一一位用实际行动实践男女平等的皇帝。他一生只娶了一位张皇后，从不纳宫女，也不封贵妃、美人，两人每天同起同卧，读诗作画，听琴观舞，谈古论今，朝夕与共。

弘治十八年（1505），一代英主朱祐樘驾崩于乾清宫，年仅三十六岁。

杨一清除宦

杨一清，字应宁，号邃庵，祖籍云南安宁。

土木堡之变以后，明王朝开始衰落，宦官专政越来越严重。武宗即位后，宦官刘瑾得到宠幸。他利用武宗好玩好乐的特点，日进新奇的玩意，使武宗荒废了朝政，刘瑾趁机掌握了军机大权。刘瑾得势后，加紧培植羽翼。他假传圣旨，让自己的私党刘宇、曹元等入内阁，把持内阁大权。然后，他又令内阁下刺令，使宦官能干预地方的民政事务。至此，刘瑾独揽大权，加紧排除异己。杨一清曾遭他陷害，并被加以贪污边费的罪名送入大牢，后来在李东阳等的营救下才获释。

1510 年安化王朱寘鐇造反。明武宗下诏起用杨一清统管军务，派宦官张永监督杨一清的部队。杨一清到达宁夏时，叛乱已经被杨一清原来的部将仇钺平定，并捕获了朱寘鐇。杨一清与他结交，相处非常愉快。杨一清知道张永与刘瑾有矛盾，趁机握住张永的手腕说："靠你的力量才平息了反叛。这种事情容易解决，但要排除国家内患却很难。"张永说："说的是谁？"杨一清于是在张永手掌上写了一个"瑾"字。张永为难地说："这个人从早到晚都在皇上跟前，枝叶连附根节盘踞，耳目众多呀。"杨一清慨然道："您也是皇上信任的内臣，征讨叛贼的事不托付给别人而托付给您，皇帝的用意也就可知了。如今平叛成功，您正可请求趁此机会讨论军事，揭发刘瑾奸情。皇上英明神武，一定会听从你谏言，诛杀刘瑾。"张永说："如果不成功，怎么办？"杨一清说："话从您口中说出一定行。万一皇上不相信，您可叩首伏地哭泣，请求死在皇上面前，剖开心腹以表明没有乱说，皇上一定会被您打动。如果请求被获准，立即行事，不要有片刻拖延。"张永允诺。到了北京，张永按杨一清的计策，当夜即在武宗面前揭发刘瑾罪状。明武宗命令张永带领禁军捉拿刘瑾。刘瑾毫无防备，正躺在家里睡大觉，禁军一到，就把他逮住，打进了大牢。明武宗派禁军抄了刘瑾的家，抄出黄金二十四万锭，银元宝五百万锭，珠玉宝器不计其数，还抄出了龙袍玉带、盔甲武器。

不可一世的刘瑾终被杨一清扳倒。

刘大夏居官正己为先

刘大夏，字时雍，号东山，明代华容人。刘大夏谙悉兵务，谋略过人，虽历经坎坷，终成一代兵部尚书，深得皇帝恩宠、百姓爱戴。

成化元年（1465），刘大夏任兵部职方司主事，正值安南（今越南）王黎灏侵略老挝失败，宦官汪直欲以边功求宠，向宪宗进言乘机攻占安南。于是，宪宗令兵部提供永乐年间征讨安南的军事册籍和航海地图。刘大夏为制止这场战争，将相关档案资料藏匿起来，管理档案的官吏遭到了审问和鞭打。刘大夏对兵部尚书余子俊说："打死这名属吏，不过一条命罢了；若让安南战争打起来，死的人何止千万！"

弘治三年（1490）十月，刘大夏奉命平息广西叛乱，他采取攻心为上策略，对叛兵晓之以理、动之以情，未用一兵一卒即平息了叛乱。

弘治六年（1493），黄河大水，张秋堤段决口，形势十分危急。明孝宗诏升刘大夏为右副都御史，派他总理治黄工程。刘大夏一上任，就深入工地实地勘查，与当地官民研究治水方略。疏通了上游孙家渡河三十里、四府营河十里；固筑了阼城至徐州长达三百六十里的堤防，同时修筑了黄陵冈。经过两年治理，"黄祸"大治，沿河百姓感激不尽。

弘治十年（1497），刘大夏在西北督理兵饷，制订"收市法"，将长期以来由太监、官僚垄断的粮草市场统制起来，扫除了中间剥削，百姓称善，踊跃交售，不到两个月，所有边塞仓、场皆粮草充足。

弘治十三年（1500），刘大夏任都察院右都御史，总制两广军务兼巡抚。任上，他责令镇守太监及总兵将擅自拨用的上千名军士，尽数退还部伍，重振军威。

弘治十四年（1501），刘大夏任兵部尚书。他针对军务弊病，数次上书，改革军政，抑制权贵，受到孝宗皇帝信任。孝宗常向他咨询治国大事，并依据他的建议，先后下诏制止额外摊征赋税，禁止克扣军民粮饷，停办铺张浪费的织造和斋醮等积弊。

弘治十六年（1503），孝宗封他为资政大夫。

刘大夏为官清正廉肃，为官四十余年，家无积蓄，晚年更是亲自扶犁，教子孙力田谋食。他经常说："当官应端正自己，不要贪图私利，这样就可树立好名声。"他任兵部尚书时，外官进京朝见皇帝，要带各种礼物送给在京大臣，唯独刘大夏和左都御史戴珊不受礼。在广东右布政使任上，当地官府的钱库也巧立"羡余"钱的名目，从来不记在账上。以前担任布政使的都毫无顾忌地把这笔钱塞进自己的腰包。刘大夏刚上任时，打开府库清点，恰巧有他的前任没有拿完剩下的一些"羡余"钱。管库的小吏便把这种成例向他报告，说这笔钱不必记入账簿。刘大夏听后沉默了好一会，猛然大声喊道："我刘大夏平时读书，有志于做好人，怎么遇上这件事，就沉思这么长时间？实在愧对古代贤人，算不得一个大丈夫了！"于是他命令管库小吏把这笔钱全数入账，作为正式支销，自己分文不取。

　　刘大夏晚年回乡养老，有次乡邻向他哭诉其儿子被人诬陷，县官受贿后判罚很重。刘大夏了解实情后，非常气愤，就在县官拜访他时，携锄栽菜，在每苑菜苗下放一枚铜钱。县官见之甚为不解，忙问缘故，刘大夏说："这叫做有钱的生，无钱的死啊！"县官听后十分羞愧，重审案件，使无辜者得救，真凶伏法。

　　张居正，湖北江陵人，出身寒门。他自幼聪颖绝伦，早年得志，十六岁中举，二十三岁就以二甲进士及第的身份，被选为翰林院庶吉士，开始了他坎坷而又辉煌的政治生涯。

　　明穆宗在位的时候，大学士张居正因为才能出众，得到充分信任。1572年，穆宗逝世，太子朱翊钧即位，是为明神宗。穆宗遗命张居正等三位大臣辅政。

　　明神宗即位后不久，张居正成了首辅。张居正遵从穆宗的嘱托，真的像老师教学生一样，辅导年仅十岁的明神宗。他编了一本有图有文的历史故事书，叫做《帝鉴图说》，每天给神宗讲解。神宗看到这本书很高兴，兴致勃勃地听张居正讲解。有一次，张居正讲完汉文帝在细柳劳军的故事，就说："陛下应当注意武备。现在太平日子久了，武备越来越松弛，需要及时注意啊！"明神宗连忙点头称是。

　　又有一次，张居正讲完宋仁宗不喜欢用珠玉装饰的故事，明神宗就说："对呀，做君王的应该把贤臣当作宝贝，珠玉有什么用呢？"张居正见十岁的孩子能说出这样的话，非常高兴，说："贤明的君主重视粮食，轻视珠玉。因为百姓靠粮食生活，珠玉这类东西，饿了不能充饥，冷了不能御寒啊。"

张居正对神宗教育十分严格，神宗把张居正当作严师看待，既尊敬，又惧怕。再加上太后和宦官冯保的支持，朝政大事几乎全部由张居正做主。

张居正掌握实权以后，就大刀阔斧地在军事、政治、经济几方面着实作了一番整顿。

那个时候，沿海的倭患虽然已经解决，但北方的鞑靼贵族还不时侵入内地，成为明王朝很大的威胁。张居正把抗倭名将戚继光调到北方，镇守蓟州，戚继光在从山海关到居庸关的长城上修筑了三千多座堡垒。戚家军号令严明，武器精良，多次击败鞑靼的进攻。鞑靼首领俺答表示愿意和好，要求通商。张居正奏明朝廷，封俺答为顺义王，一面和鞑靼通商往来，一面在边境练兵屯田，加强防备。以后二三十年，明朝和鞑靼之间没有发生过战争，北方各族人民的生活安定多了。

当时，黄河年久失修，河水常常泛滥，大批农田被淹，影响农业生产和运输。张居正任命专治水利的潘季驯督修黄河水利工程。潘季驯修筑堤防，堵塞决口，使黄河不再泛滥，运输通畅，农业生产得到恢复和发展。

由于朝政腐败，大地主兼并土地，逃避税收，一些豪强地主越来越富，国库却越来越穷。张居正下令丈量土地，经过清查，查出了一批被皇亲国戚、豪强地主隐瞒的土地，这一来，一些豪强地主受到了抑制，国家的收入也增加了。

在丈量土地之后，张居正又把当时各种名目的赋税和劳役合并起来，折合银两征收，称为"一条鞭法"。经过这种税收改革，防止了一些官吏的营私舞弊，增加了国家的收入，也多少减轻了一点农民的负担。

张居正经过了十年努力，进行大胆的改革，使十分腐败的明朝政治有了转机，国家的粮仓存粮充足，足够支用十年。但是这些改革自然触犯了一些豪门贵族的利益，他们表面不得不服从，内心却对张居正恨之入骨。

张居正执政的第五年，他父亲死在江陵老家，按照封建礼法，他必须离职守孝三年。但是张居正怕他一离开，正在进行的改革受到影响。在明神宗和一些大臣的挽留下，他让他儿子奔丧，自己则留在京城任职。这一来，就有不少人抓住张居正父死不奔丧的事，大做文章，纷纷向明神宗上书弹劾，有人甚至在大街上揭帖告白攻击张居正，闹得满城风雨。明神宗不得不下令，再反对张居正留任的一律处死，攻击才平息下来。

鞠躬尽瘁的清官赵邦秩

赵邦秩，号元叙，又名十岩，浙江平湖人，出身名门之后，是宋太宗赵氏后裔。八岁时，当读到"节用爱人"这句话时，他十分感慨地对当官的父亲说："这是做官的本分，治理千乘之国，只要做到这一点就够了。"父亲听后十分高兴地说："我儿将来必定能做个好官，以继承我的志愿。"

明万历六年（1578）四月，赵邦秩到海门上任入县境时，夜宿通州旅馆，他谢绝了地方上的设宴招待，连一碗蔬菜钱也不肯让地方上负担。到任后，他首先接触民众，体察民情。根据海门的实际情况，妥善安排因灾而流亡外地人员的生活，同时奏请豁免坍地赋税。当时海门沿袭惯例为朝廷养种马，每年耗费银万两，但却不能进贡一匹能产驹的种马。他立即据实报告，取消养马惯例。

一次，赵邦秩下乡调查民情，听到乡民为了供应里长的摊派，弄得倾家荡产，被迫逃亡到外地去。他勃然大怒，说："设立里长是叫他们治理乡里的，现在竟吸人膏血，任意挥霍！这一定是由于上官敲诈里役，造成里役敲诈甲长，甲长敲诈乡民，才弄得乡民逃亡外地的。"于是，赵邦秩果断地裁减了里甲人员，并对贪污者予以查办，从而稳定了人心。

赵邦秩时常召集地方上的老年人，让其带领子弟到他面前，跟他们讲："我来做你们的父母官，不仅要使你们有饭吃，有衣穿，赡养父母，抚育子女；还希望你们教育督促子女，要孝敬父母，和睦乡邻。你们各有父兄子弟，长辈能教导幼辈，幼辈能向长辈学习，就是善良的百姓。"男女老少听后，无不感动。

当时封建礼规，百姓见县令以上的县官都必须行跪拜礼，赵邦秩对老年人以礼相待，不让老人行跪拜礼。

经过几个月的努力，海门民风大大转变。孩子们你唱我歌，心情愉快，知礼敬教。乡民们互相帮助、互相鼓励的事多了，而相互争吵斗殴的少了，质朴淳厚的民风重新出现。

赵邦秩还提出八项施政方针，即："以身作则，端正民风，重视办学，修订制度，裁减冗员，革除浪费，剔除宿弊，慑服豪强。"并将此条上报朝廷，为朝廷采纳，永为定制。

赵邦秩励精图治，勇于改革，针对时政弊端，推出了十五项施政大计，还出台了兴革举废、议免摊粮、释放重囚、禁止以金钱赎罪、停止额外征收、慎重祀典、整顿歪风、议迁庙宇等举措，条条打动人心，使整个海门政通人和、事业兴旺、社会安定。

西汉吴王刘濞开凿了一条西起扬州茱萸湾、东通海陵仓及如皋蟠溪的运河，人称盐运河，亦名邗沟、运盐河。由于江坍、泥水的淤积，河道经常变窄、阻塞，影响海盐的运输。为了保证盐业的正常贸易，不耽误朝廷的税收，赵邦秩率领民工起早贪黑，对运盐河及串场河进行开凿和疏浚。他亲自督工，亲自设计挖掘、疏浚方案，筹集资金，动员民工，样样身力亲为，确保了"水上走廊"的畅通无阻。

疏浚盐运河以后，赵邦秩又带领民众修筑海堤。因劳累过度，赵邦秩突然病倒了。百姓流泪痛哭说："我们百姓没有福气，赵知县病将不起了！我们情愿代赵知县死，死而无憾。"有人问赵邦秩："你有何家事要处理？"他说："做官的在任内，只知官事，哪里晓得家事哩！"同僚们来看望，他穿戴好衣帽爬下床来，向他们叩头说："我命不久矣！你们既关心我，那就代我体恤这些百姓吧，否则我死不瞑目呀！"众官员都流泪回答说："请放心！"百姓听说，无不感动得失声痛哭。

海瑞一生经历了正德、嘉靖、隆庆、万历四朝。海瑞出生四年后，父亲去世，海瑞与母亲相依为命，靠祖上留下的几十亩田勉强维持生活。谢氏性格刚强，对海瑞要求很严格，不让他像一般儿童那样嬉戏玩耍。海瑞自幼攻读诗书经传，立志日后如果做官，就要做一个不谋取私利、不谄媚权贵、刚直不阿的好官，因此他自号"刚峰"，取意做人要刚强正直、不畏邪恶。

明世宗朱厚熜晚年不理朝政，深居西苑，专心致志地设坛求福。总督、巡抚等边关大吏争着向皇帝贡献有祥瑞征兆的物品，礼官总是上表致贺。自杨最、杨爵获罪以后，朝廷大臣没有人敢再议时政。

嘉靖四十五年（1566）农历二月，海瑞在棺材铺里买好棺材，将自己的家人托付给了一个朋友，然后向明世宗呈上《治安疏》，揭发官场弊端，百姓疾苦；同时提出改革意见，希望皇帝能够采纳；批评世宗迷信巫术，生活奢华，不理朝政等行为。

明世宗读了海瑞的《治安疏》，十分愤怒，把本子扔在地上，对左右侍从说："快把他逮起来，不要让他跑掉！"宦官黄锦在旁边说："这个人向来有傻名。听说他上疏之前，自己知道如此冒犯该当死罪，买了一口棺材，和妻子诀别，奴仆们也都已奔散，他是不会逃跑的。"明世宗听后默然。过了一会，世宗又将海瑞的上疏读了一遍，一天里反复读了多次，独自叹息，把《治安疏》留在宫中数月。明世宗曾对人说："这个人可和比干相比，但我不是商纣王。"

有一次，都御史鄢懋卿下地方视察，他是严嵩的红人，沿途官吏自然不能错过这个高攀的机会，纷纷破格接待，只要上级官员高兴，花多少钱是不在乎的。鄢懋卿假惺惺地告示："本官素性简朴，不喜承迎。沿途饮食供帐，都应俭朴为尚，毋过为华奢，侵扰百姓。"事实上，鄢御史的大队车马所到之处，直如风卷残云。眼看就要到淳安县了，海瑞心里也很着急。思虑良久，海瑞计上心来，他修书一封，派人快马送给鄢御史。信上说："您是天下第一廉官，过州过府，轻车简从，从不增加地方负担。但现在有些人专门败坏您的名声，说您每到一地，皆有酒席，每席费银三四百两，供帐极华丽，就是溺器也用银器之具。这把我搞糊涂了，究竟哪个是真，哪个是假，请您明示，我好早做准备接待。"鄢御史见信做声不得，又不得不对传言解释一番，还表扬了海瑞几句，然后干脆借口公干，绕道而行。

明穆宗继位后，海瑞改在兵部任职，后来调大理寺任职，被提拔为尚宝丞。

隆庆三年（1569）夏，海瑞升调右佥都御史，外放应天巡抚，辖区包括应天、苏州、常州、镇江、松江、徽州、太平、宁国、安庆、池州十府及广德州，多为江南富庶的鱼米之乡。慑于海瑞的威严，很多贪官污吏自动辞职。显赫的权贵向来把门漆成红色，听说海瑞来了，改漆成黑色的。宦官在江南监督织造，听说海瑞来了，立即减少车马随从。

海瑞兴利除害，请求整修吴淞江、白茆河，通流入海，百姓受益。海瑞早就憎恨大户兼并土地，此时遂全力摧毁豪强势力，推行"一条鞭"法，贫苦百姓有被富豪兼并土地的，大多得以交还原主。海瑞因此深受百姓爱戴，被称为"海青天"。

隆庆三年（1569）冬，都给事中舒化上书批评海瑞迂腐滞缓，不通晓施政的要领，应当用南京清闲的职务安置他，明穆宗还是用嘉奖的语言下诏书鼓励海瑞。不久，给事中戴凤翔弹劾海瑞庇护奸民，鱼肉士大夫，沽名乱政，海瑞被改任南京粮储。

吴地平民百姓听说海瑞解职而去，呼号哭泣于道旁，家家绘制海瑞像供奉他。

此时正遇高拱掌握吏部，他早就仇恨海瑞，就把海瑞的职务合并到南京户部中，海瑞遂因病引退，回到琼山老家。

明神宗朱翊钧向来重海瑞的名望，万历十三年（1585）正月，召海瑞为南京右佥都御史，在赴任的路上改为南京吏部右侍郎，海瑞时年已七十二岁。

万历十五年（1587），海瑞病死于南京任上。海瑞无子，佥都御史王用汲主持了海瑞的丧事，看见海瑞住处的葛布帏帐和破烂竹器，即使是贫寒文人也不愿使用，禁不住感动而泣，凑钱为海瑞办理了丧事。海瑞的死讯传出，南京百姓罢市。海瑞的灵柩回家乡时，穿白衣戴白帽来送行的人站满两岸，祭奠哭拜者百里不绝。

孙丕扬不转堂

明朝万历年间，孙丕扬任吏部尚书。

一次，孙丕扬出京巡视，至湖北，遇上了一桩棘手的大案。

当朝宰相张居正的儿子张炳仁，倚仗权势，强占民女，私设公堂，逼死人命，暗造地宫，图谋不轨，恶贯满盈，民怨沸腾。孙丕扬身着微服，明察暗访，掌握了张炳仁的大量罪证。为了拿到口供，孙丕扬决定身入虎穴，亲见张炳仁。

张炳仁深知自己的罪行，一看吏部尚书来访，自然做贼心虚，故意铺排，虚张声势，列队欢迎，鼓乐齐鸣，美酒佳肴，空前隆重，孙丕扬一边有意寒暄，一边仔细观察动静。在宴席上，孙丕扬与张觥筹交错，你敬我谢，张炳仁因此得意忘形。酒过数巡，张炳仁已喝得酩酊大醉。孙丕扬趁张喝醉，诱讨了供词回府。

张炳仁酒醒后，自知大祸临头，苦思不得计，无奈之下，一面派人疏通孙丕扬，一面火速派人上京向父亲求救。张居正接到儿子的来信，大为震惊，为救儿子性命，张居正思来想去，只有铤而走险，假传圣旨，他一连下了十二道金牌，命孙丕扬火速回京。

拿到张炳仁的口供，孙丕扬正高兴之际，突然传来皇帝金牌，命他火速回京，金牌如流星，一个接一个，一连下了十二道。这突如其来的变故，使孙丕扬左右为难，如坐针毡：回京吧，此案未了，岂不便宜了这个恶棍；不回吧，君命难违，抗旨不遵，定是死罪。思来想去，心乱如麻，愁得吃不下饭，睡不着觉，手托金牌在书房踱步至天亮。看到孙丕扬如此为难，夫人也是坐卧不安，一夜没合眼。她想：老爷出京，皇上早有安排，有什么要紧事会连下十二道金牌？为什么又正好在张炳仁案子的紧要关头？

天亮后，夫人梳洗罢，突然想起皇上亲赐的金簪，可以检验金牌真假，急忙跑来对孙丕扬说："老爷，我看这金牌不像是真的。"孙丕扬以为夫人急糊涂了，苦笑着说："皇上金牌，岂能有假？"夫人忙从头上拔下皇上赐的金簪，在金牌上一划，不出所料，金牌果然是假的！孙丕扬立刻转忧为喜，心中的一块石头终于落了地。

孙丕扬看到张居正已插手此案，恐怕迟则生变，立刻击鼓升堂，下令斩了张炳仁。看到这个昔日耀武扬威、横行霸道的恶霸被处死了，湖北百姓敲锣打鼓，奔走相告，人流如潮，比节日还热闹。

事后，孙丕扬奏明皇上，揭穿了张居正父子假公济私、狼狈为奸、假传圣旨、篡位夺权的阴谋，张居正被革职查办。从此，"孙丕扬不转堂"的故事就流传开了。

骨鲠大臣郭琇

郭琇是清朝康熙年间著名的清官，他为国为民，廉洁清正，勤勉干练，不计私利，弹劾权奸，被称为"铁面御史"。

康熙二十七年（1688）正月二十二日，郭琇第一次以监察御史的身份向朝廷上了《参河臣疏》，陈述河道总督靳辅在户部尚书佛伦支持下治河措施不当，致使江南地区困于水患，百姓怨声载道。由此，靳辅被罢官，佛伦被降职，郭琇升任金都御史。

明珠是满洲正黄旗人，平吴三桂作乱时立有大功，对康熙帝忠心效力，成为康熙帝身边的红人，官封武英殿大学士。权大势重的明珠凭借康熙帝的信任结党营私，坑害异己，独揽朝政，一时间，朝野内外，宫廷上下，正直之臣避而远之，奸佞小人升迁跋扈。

康熙二十七年（1688），明珠五十三岁大寿，明府热闹非凡，明灯高悬，彩门层层。丫头、小吏来往如流，达官贵人鱼贯而入，传呼声不绝于耳。酒席上山珍海味摆满，拍马屁的人一个接一个前来贺寿上礼。近正中午时，门上传呼："新调京城任左都御史郭琇郭大人到！"明珠听后心中一奇：人都说郭琇耿直敢言，刚正不阿，今天也知道来进见我明珠……正想时，郭琇已进中堂。郭琇先拜了寿，再递上红纸包一个。明珠认为是礼单无疑了，叫下人收存。出于礼节，明珠亲奉郭琇一杯酒，郭琇一饮而尽，回身便去，旁若无人。明珠见状心中起疑，忙叫人将郭琇的礼单呈上来看，这一看，明珠顿时脸色铁青，汗流如雨。正在此时，忽听门上传："圣旨到！"这一声喊不要紧，只见明珠手里那张郭琇的礼单飘落地上，明珠两手下垂，白眼珠一翻没气了。

原来郭琇进京后，立即将明珠的所作所为，列了十一大罪状上奏，然后又将副本用红纸包好，直奔明府，明珠看到正是郭琇弹劾他的副本。康熙帝对明珠的猖狂也早有耳闻，今见郭琇奏疏有证有据，深感不除明珠危及皇权，就下旨罢了明珠、佛伦、余国柱的官，权倾一时的明珠集团就这样倒台了。

高士奇是浙江钱塘人，举人出身，好学能文，书法又好，被康熙皇帝破格收进南书房，重用他书写密谕，讲章论文，后官封小詹事。康熙帝把他当作良师益友，常常赏赐金银物品，并经常让他陪吃饭。高因此日益骄横，与左都御史王洪绪等人结成死党，内外呼应，招摇撞骗，一时间求情办事的人堵塞门庭，整日车马盈门，宾客不绝。

康熙二十八年（1689）的一天，康熙办完朝政，回到南书房，即传旨召见高士奇。君臣二人相谈甚欢，康熙遂赐高士奇南书房伴膳。忽听太监传呼："都御史郭琇进见！"郭琇进了南书房，便从袖中拿出奏折，太监接过奏折呈上，康熙帝一看，上面写道："臣都御史郭琇，查权臣高士奇……"这时高士奇在一旁不自觉地伸过头想看一看奏折的内容，康熙帝制止，然后对郭琇说："郭卿所言极是，朕当认真处之。"郭琇谢恩退出。

高士奇哪里知道，郭琇的奏折就是列举他的四条大罪，有证有据，罪难宽容。待高士奇用完最后一顿御膳，康熙帝便将奏折递给高士其道："高卿，你看这案子该如何办理？"高士奇接过奏折一看，忙伏地连连磕头讨饶，瞬时头皮磕破，血染方砖。

康熙帝将高士奇革职，王洪绪等人也皆都丢官卸任，革职查办。朝野上下为之一快，郭琇被群僚颂为"骨鲠之臣"。

汤斌，字孔伯，号荆岘，晚号潜庵，河南睢州人，清朝政治家、理学家和书法家。

康熙时，汤斌由内阁学士出任江苏巡抚，职重位显，独当一面，但他不谋私利，不图享受，坚持过粗茶淡饭的俭朴生活，每餐只有一道豆腐做的菜，久而久之，苏州老百姓给他起了一个"豆腐汤"的雅号。

康熙二十三年（1684），汤斌迁任内阁学士。当时江宁巡抚缺员，康熙帝说："我听说汤斌操行高尚，堪担此任。"汤斌临行时，康熙帝告诫他："吴地繁华，崇尚虚华，安于享受，经商的人多，耕田的人少。你此去应当使当地去掉奢侈的习俗，返归淳朴的民风，致力发展农业生产。"

康熙二十四年（1685），汤斌上奏："苏州、松江土地狭小，人口稠密，可是承担着百余个州县的赋税，百姓财力困乏。恳请皇上将苏州、松江的钱粮照征收标准减少一二成。"淮安、扬州、徐州三府遭受水灾，汤斌按条目列出减免赋税的事项，请求朝廷拨发五万两银子，从湖广购米赈济灾民。还不等诏令回复，汤斌就前往各州县视察救灾情况。

　　朝廷获悉汤斌的禀奏后，康熙帝命令侍郎素赫协助他办理救灾事务。常州知府因为对属员失察被降职调任别处，汤斌了解到他很廉洁，就奏请让他留任。

　　汤斌任江苏巡抚时，有个秀才一天偶然经过京城延寿寺街，看见书铺中有一个少年买了一本《吕氏春秋》，一枚钱落在地上，秀才暗暗用脚踏在钱上，等少年走后就俯身拾起这枚钱。旁边坐着一位老翁，盯着看了很久，起身问了秀才的姓氏大名后，冷冷地笑了一声离去了。后来，这个昧心俯拾一枚钱的秀才，以监生的身份进入誊录馆任职，赴吏部应选，得到江苏常熟县县尉的官职。他欣喜万分，整装赴任，到巡抚衙门投书请求谒见上司汤斌，结果请求十次仍得不到机会。秀才正在纳闷儿，欲问根由，只见门卫传达汤斌的命令说："你不必前去赴任，你的名字已经写进弹劾的奏章了。"秀才问："大人弹劾我什么罪？"回答："贪钱。"秀才自己思忖："我尚未赴任，怎么会有赃证？一定是弄错了。"急忙请求当面陈述。门卫进去禀报后，又出来传达汤斌的命令："你不记得从前书铺中的事了吗？当秀才时尚且爱一钱如命，今天若侥幸当上地方官，能不绞尽脑汁贪污盗窃，成为一名戴乌纱帽的强盗吗？"听了这番话，秀才才明白以前在书铺中叩问姓名的老翁，就是这位巡抚大人汤斌，于是满面羞愧地弃官而去。

股肱之臣刘统勋

乾隆十一年（1746），刘统勋出任漕运总督。江南邵伯湖减水二闸和高邮车逻坝决口，刘统勋前往视察，查出河道官员账目亏空、延误治河，据实上奏。河道总督高斌和协办河务巡抚张师载被撤职，贪污钱款的官吏遭到严惩。同年九月，铜山小店汛河决口，刘统勋又查办出一批贪污渎职的官吏，上疏将不作为的官员李焞和张宾处死，并亲自驻守铜山监督塞河，直至工程完工。

河南祥符和杨桥等处黄河漫溢，水退后需要修筑堤坝，河道官吏却以修坝的干草不够为托辞百般怠工。刘统勋知道当中肯定有问题，微服私访，发现有大小数百辆车满载干草，捆好后却被搁置一旁，旁边有人哭泣。刘统勋惊奇地询问是怎么回事，那些人回答："我们是某县的老百姓，离这里有三天的路程，奉县官的命令，运送干草到这里。可是负责收料的官员每车索钱数贯，钱拿不出，料便不能入。我们都是穷人，哪里来的钱？在这里滞留已近十天，所带的盘费已花完，打算回去，又走不了，所以在这里哭泣。"刘统勋听后半信半疑，然后灵机一动，告诉他们："我也是来送干草的，与管理河道的官员手下人是

股肱之臣刘统勋 ｜ 147

老相识，一会便将料缴完，我替你们去缴吧。"说完便赶起一辆车前去。到了收料场，刘统勋拜见了管理河道的官员。这官员见他面色细润，衣着整洁，便断定是乡间富绅无疑，于是加倍索取。刘统勋略与争辩，官员便大发雷霆，命令随从挥动皮鞭将刘统勋驱出，并将其牛车扣留。刘统勋见这官员的所作所为比老百姓反映的有过之而无不及，怒不可遏，急忙赶回驻地。一面命随官持令箭绑了这官员前来，一面召集相关官员开会。不一会儿，这个官员被押到，刘统勋略加审问，即令推出候斩。这里的长官长跪为他求情，刘统勋才命令将其押回，命左右打了他一百大板，然后戴上重刑具，沿河示众。各料场官员闻讯惊恐万状，从此，对来料随到随收，再也不敢欺诈老百姓。一个月后工程即告完毕。

后来刘统勋被朝廷任命为都察院左都御史，负责监察朝廷官员言行。不久后，刘统勋向皇帝上疏，参奏大学士张廷玉和尚书讷亲，称："大学士张廷玉历经三朝重用，名望很盛，晚年实在应当谦谨些。有舆论说现在缙绅望族里，张、姚两姓占据一半，他们互相通婚，为官举荐时互相包庇。请皇上三年内不要提拔重用张廷玉。"

乾隆帝答复道："张廷玉和讷亲如果不作威作福，刘统勋必不敢上这样的奏章。"将两人革职，并将刘统勋的奏疏公开给众臣看，刘统勋由此名闻朝野。

乾隆十七年（1752），刘统勋担任军机处行走，成为皇帝的左膀右臂。乾隆二十一年（1756），乾隆帝下旨修纂《西域图志》，刘统勋亲率测绘队历尽艰难险阻，踏遍天山以北地区，远涉巴尔喀什湖以西的吹河、塔拉期河，获取了大量实地测绘资料，乾隆二十六年（1761）书成。《西域图志》成为后来新疆地图的蓝本。

救
世
宰
相
阎
敬
铭

阎敬铭，字丹初，清代朝邑县人，清光绪皇帝时东阁大学士，为官清廉耿介，是我国历史上为数不多的理财专家，有"救时宰相"之称。

湖广总督官文手下有个副将带领卫兵闯进武昌城外一居民家，意欲强奸人家的黄花闺女。这位民女性刚烈，大哭不从，坏了副将的兴致，他一气之下将民女杀死，扬长而去。民女的父母向官府喊冤，可府、县两级地方官都知道这位副将和官文老爷的亲密关系，谁也不敢理会。这事被阎敬铭听到后，勃然大怒，带人去抓捕。这位副将早就知道阎敬铭铁面无私的办事风格，便去总督衙门找到官文老爷，官文将副将藏在自己家中。

阎敬铭找到总督府，向官文要凶犯。官文推说自己病重，拒不接见。阎敬铭即向随从传话："去把我的被子拿来！我就在总督府的门房过道里住宿、办公，总督的病不好，我阎敬铭绝不回去！"阎敬铭真的在这里住了下来。三天过去了，官文被困府中，实在想不出拒客的办法，只得着人请湖北巡抚严树森和武昌知府李宗寿来府劝说阎敬铭归去。严、李二人百般劝说，阎敬铭立

救世宰相阎敬铭 | 149

誓不杀凶犯绝不回府。官文无奈，只得出来相见，求阎敬铭给一个面子，阎敬铭提出的条件是：立即交出凶犯，当众剥夺凶犯的官职，押回原籍，不许逗留片时。官文只得接受条件，把凶犯交出。阎敬铭一见凶犯，立呼衙役将其颠翻捆拿，剥去衣服，当众重杖四十，杖毕据律发落报边，立即执行。

1882年，清政府提升阎敬铭为户部尚书。他曾在户部任过职，深知户部弊端，尤其天下财赋总汇的北档房，积弊更深。他决心革除积弊，实行改革。上任第一天他就亲自看账，并找来档房司官问账，结果无论是领办、会办、总办，都不知部库的存银几何以及出纳、盈亏情况，甚至连算账、看账都不会。阎敬铭立即给皇帝上奏折说："官吏弄虚作假，要想根治，一定要任用正直无私的官员。"当时清政府库款困乏，也有整顿度支的迫切要求，同意了阎敬铭的奏请。

阎敬铭查了账目再查三库。所谓三库，是户部管理的银库、缎匹库和颜料库。其中绸缎、颜料两库为天下实物贡品收藏处，库内堆积如山，毫无章法，颜料、绸缎、纸张混在一起，日积月累，大都霉烂得无法使用；进出账目是两百多年的流水账，无清无结。银库的问题更大，管理银库的差役、司官没有不贪污偷盗的，职掌出纳的掌库、书办大秤进小秤出，天平砝码异常，弊端累累。

阎敬铭一反过去堂官所为，花了很大力量，亲自入库清点，认真查对出纳档案，并清查了二百余年的库存和出纳账目。他的做法和态度震动了朝野。通过查账查库，阎敬铭当场斥逐了一批书办和差役，并奏参了所谓的"四大金刚"，即原在户部司官的姚觐元、董俊汉、杨洪典及旗人启某。这四人均被革职回籍。

左宝贵驻守盛京二十年，经常微服私访，见百姓生活贫穷困苦，往往潸然泪下。

1888 年，盛京城附近遭遇特大水灾，人民流离失所。左宝贵协同官绅筹款购房，设立栖流所收留难民栖身。所内还设粥厂两处，向贫民施舍粥饭。

一天，一位老汉背着一个面黄肌瘦的小女孩前来总兵衙门告状。原来那老汉在粥厂喝粥时，说了一句顺口溜："总兵施粥好心肠，想起包公来放粮，可怜粥官太贪婪，害得百姓喝米汤。"因此，被施粥官痛打一顿。左宝贵一听有这样的事情，非常气愤，于是脱去官服，穿上老汉的破衣烂衫，径自去了粥厂。

左宝贵领完粥一看，果然是米粒稀少可数，全是汤水。左宝贵气得把粥碗向施粥官掷去，施粥官刚要动手打左宝贵，被粥厂的一个小兵挡住，因为这个小兵已经认出是左大人了。施粥官慌忙跪地，在左宝贵的追问下，施粥官不得不承认自己私贪了粮米。左宝贵一声令下，施粥官被拖下去，当场斩首示众了。

图书在版编目(CIP)数据

中华传统文化主题故事读本. 勤勉敬业/高滨,杜威主编.—杭州:浙江古籍出版社,2018.6
ISBN978-7-5540-1248-2

Ⅰ.①中… Ⅱ.①高… ②杜… Ⅲ.①中华文化-青少年读物 Ⅳ.①K203-49

中国版本图书馆CIP数据核字(2018)第088931号

中华传统文化主题故事读本·勤勉敬业

高 滨 杜 威 主 编

谭合伯 尼培红 吕晓峰 李 洋 副主编

出版发行	浙江古籍出版社
	(杭州市体育场路347号)
网 址	www.zjguji.com
选题策划	关俊红
责任编辑	徐晓玲
责任校对	余 宏
美术设计	刘 欣
封面绘图	懒懒灰兔
责任印务	楼浩凯
照 排	杭州兴邦电子印务有限公司
印 刷	杭州富阳美术印刷有限公司
开 本	880mm×1230mm 1/32
印 张	5
字 数	138千字
版 次	2018年6月第1版
印 次	2018年6月第1次印刷
书 号	978-7-5540-1248-2
定 价	18.00元

如发现印装质量问题,影响阅读,请与印刷厂联系调换。